だれだっておどろく！

こんなにもすばらしい10人の住職

『月刊住職』編集部 編

興山舎
KOHZANSHA

はじめに——次の世もまた寺院住職になりたい！

「もし生まれ変わったら、僧侶になりたいですか?」とたずねたら、僧侶の七割が「またなりたい」と答えている。理由は「こんな素晴らしい聖職はほかにありません」「僧侶になるために生まれてきた」「何度でも僧侶になりたい」「得度五十年、生涯に悔いはないけれど再度、衆生救済に挑戦したい」といった声が聞かれた。

創刊四十六周年を迎えた寺院住職のための実務情報誌『月刊住職』では毎年、読者である寺院住職を対象にアンケート調査を行っているが、以上はその一端だ。他では全くといっていいほど知られていない住職たちのホンネだと思うので、もう少しアンケートを紹介したい。それでは「もし生まれ変わったら今のお寺の住職になりたいですか?」と聞くと、「なりたい」は47%、「なりたくない」は26・5%という結果だった。先の僧侶七割と寺院住職とでは違いが鮮明だ。ではなぜ「なりたくない」のか。

「お葬式だけでなく、もっと楽しい布教をしたいので、今のお寺ではだめです」「仏道に専念するため。できれば今よりもっと小さな山寺に入りたい。来客が多くて心静かにできる時間がない」「死期の迫った高齢者ばかりの限界地域では寺の維持はできない。このような状況でも住職はいなければならぬが、もし生まれ変われるのなら、そういう寺は避けたいというのがホンネです」……。なるほどと思う反面、では「なりたい」という住職の声も聞いてみたいだろう。「小さなお寺だからこそ、生き甲斐を感じる」「今の檀信徒とまた一緒にできるなら次の世もこのお寺に入りたい」「心の温かい檀信徒が多いから」「寺をサンガにしきれず死ぬと思うから、次こそわが寺をサンガとしたい」「世界中の苦しみをもつ人々と共に頑張ってみたいから」……。

このように一口に寺院住職といっても、その意識や行動は十人十色。今日、「住職」という身分の者は全国に約六万人いる。日本人の二千人に一人だろうか。いうまでもなく、日々、寺院運営はもとより僧侶としての活動に邁進されていることだが、僧務のかたわら、各種のデータを総合すると、少なくとも全体の二割の住職が、教誨師をはじめ保護司・民生委員・児童委員・人権擁護委員・教育委員・調停委員・各種福祉司、医療者など多くの社会貢献の任に就いており、高齢者介護施設、幼児教育施設の運営者や、自治会長、地方自治体の長、公選議員も数は多くないが、思いのほかおられるのだ。これらもほとんど知られていない住職の一面であり、それだけに人々のもっとも近い生活の場で生老病死にかかわる問題に一つ一つ取り組んでいるといえよう。それも僧侶なら当然だとの矜持が各個にあるからだろう、あえて社会の評価や辛辣な目などに迷うことなく尽くされている姿を取材のたびに、目の当たりにするわけである。この日本に、必ずなくてはならないお寺、いなくてはならない聖職者というほかはない。と同時に、いかなる時代も社会が、人々が、それらの聖職者を育てることも真実なのではないだろうか。

そうした意味からも、僭越ながら小誌編集部があえて選ばせていただき、ここにルポルタージュをする十人の寺院住職の営みをぜひ知ってほしい。道心のいかに厳しくも、ひたすらに身を挺する僧形に驚嘆したり、あるいは共感したり、また感動を得ることでしょう。

『月刊住職』編集発行人　矢澤澄道　合掌

だれだっておどろく！
こんなにもすばらしい10人の住職

目次

10

山下證善住職

真宗木辺派 慧光寺

富士山麓に命を生き返らせる自然道場を開山した道心と反響

1

500人余が安楽に暮らせる老人ホームを育てる住職の粉骨砕身

徳島県徳島市寺町

真言宗御室派 願成寺

大西智城 住職

大西 智城（おおにし ちじょう）
1943(昭和18)年、徳島県生まれ。高野山大学密教学科卒業。78年徳島市の願成寺住職就任。84年より「社会福祉法人白寿会」事務長、施設長、常務理事、本部長を歴任。2005年から10年まで四国放送のテレビ番組「ゴジカル！」にレギュラー出演。四国大学等で社会福祉論の講師を務める。10年から14年まで真言宗御室派総本山仁和寺の執行、財務部長を務め、14年に密教教化賞を受賞。18年には瑞宝単光章も受章した。著書『もっと楽に生きる』他。

扉の写真／仙寿園玄関にて大西智城住職と研修生たち

「調子はどうや？」

お年寄りに僧侶がにこやかに声を掛けている。ここは徳島市住吉にある大きな養護老人ホームだ。「こんにちは」と、元気な挨拶が飛び交う。バリアフリーの建物はチリひとつなく清々しい。「デイサービスルーム」ではお年寄りが職員と工作を楽しむ。するとと僧侶は衣を翻し、使っていない会議室の電気をパチリ。来客用スリッパの乱れをさっと直す。すれ違った職員には「無駄な電気は消さなあかんよ。自分のうちでこんな電気つけてるか？」と注意。慰問の僧かと思ったらここの責任者、大西智城《ちじょう》本部長（七十六歳）だった。徳島市寺町の真言宗御室派願成寺の住職でもある。

毎朝お経で始まる四国でも有数の老人ホーム

徳島駅から車で十分。広々と流れる吉野川のそばに社会福祉法人白寿会が運営する「阿波老人ホーム」の大きな建物が現れる。四階建てが二棟建ち、養護老人ホーム「白寿園」は介護を必要としない元気な高齢者が暮らす。定員九十名でショートステイ用の個室も十部屋ある。隣の介護老人福祉施設「仙寿園」は六年前に新築した。寝たきりや認知症の高齢者をお世話する施設。特別養護老人ホーム（特養）に八十人が暮らし、ショートステイ用の個室も二十部屋ある。デイサービスセンターもあり、通いのお年寄りも大勢。在宅介護支援センターやヘルパーステーションも併設し、スタッフが二十四時間、立ち働く。

白寿会は七キロ離れた徳島市不動西町でも在宅介護支援センターとデイサービスセンターを開設。さらに阿波市内の二カ所で老人福祉施設を運営する。指定介護老人福祉施設「よしの園」は特養に五十人、ショートステイに十人、グループホームに二十七人が入居。同市「御所園」は特養三十人、ショートステイ三十人、グループホームを十八人が利用する。定員十八人の温泉付きケアハウスもある。

社会福祉活動に心血を注ぐ大西智城住職

全施設合わせ、利用するお年寄りは通所の人も含め総勢約五百人。介護職をはじめ、介護支援専門員、生活相談員、管理栄養士、調理師、介護タクシー担当、営繕係、事務職など、三百八十人の職員で支える。これらのすべてを統括するのが大西住職だ。

「僕の役目はあちこちをウロウロすることやね」と朗らかに話す。

「うちのモットーは〝話し合い信じ合い助け合い〟。お年寄りにはカラオケが好きな人も嫌いな人も、運動が好きな人も嫌いな人もいる。これしなさいと決めつけません。あくまでお年寄り中心です」

大西住職が運営する介護老人福祉施設「仙寿園」

同ホームは約百年前の一九一六年、篤志の仏教者が徳島市の曹洞宗丈六寺に「阿波養老院」を開いたことに始まる。托鉢や近所からの支援で五畳二間に十数人のお年寄りをお世話していた。行政の福祉が整う前からお寺が困窮する人を助けてきたのだ。

一九三〇年、徳島県仏教会が引き継ぎ、現在地に移転。一九五二年に社会福祉法人となった。理事長や園長は代々、僧侶が担い、仏教精神に基づく運営が特徴だ。特に一九八六年に大西住職が施設長に就任すると、ユニークな発想で次々新たな老人福祉施設を実現してきた。

現在、公的老人ホームは様々な形態がある。

養護老人ホームは家庭や経済的な理由により自宅で生活することが困難な高齢者を受け入れる施設。介護は必要なく日常生活を送れることが条件だ。特別養護老人ホームは通称「特養」と呼ばれ、要介護認定を受けた人が介護保険で利用する。いずれも施設入所の必要性の高い人から優先的に入所できる。

グループホームは認知症を患う人などが専門のスタッフに介護され、少人数の家族的な雰囲気で暮らす住宅のこと。ショートステイは高齢者を自宅で介護する人が病気や冠婚葬祭などの際に、短期間預けられる施設。ケアハウスは軽費老人ホームと呼ばれ、所得制限はなく有料老人ホームに比べて比較的軽費で入居できる。白寿会では時代の要望に合わせて、

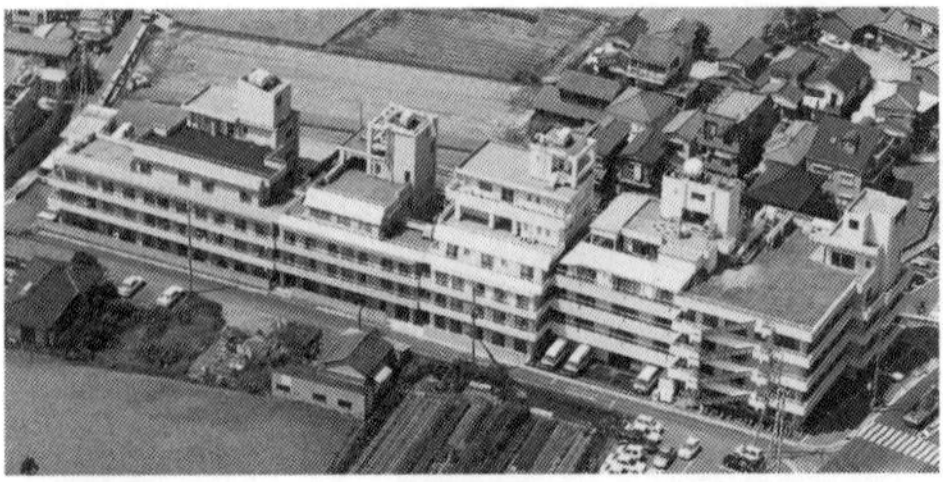

養護老人ホーム「白寿園」では100人が暮らす

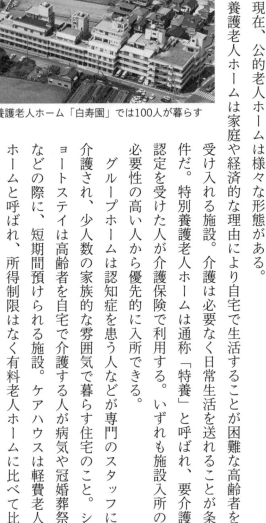

様々な施設を作り、地域のお年寄りに寄り添ってきた。

養護老人ホーム「白寿園」は仏間があるのが珍しい。毎朝八時三十分、経本と念珠を手にお年寄りが続々と集まり、大西住職と一緒にお勤めする。『般若心経』などの後「南無阿弥陀仏」「南無妙法蓮華経」「南無大師遍照金剛」「アーメン」。皆、違う言葉を唱える。経本は各人の宗旨の文言が書き込めるようにしてある。

施設の仏間では毎朝大西住職がお勤めと法話を行う

「それぞれの信仰を尊重し、独自に編み出したお勤め法」と大西住職。仏壇の本尊は大日如来だが「阿弥陀さん」と呼ぶお年寄りもいる。続いて大西住職の法話。
「〝おかげんどうですか〟と聞くと〝私ゃ腰が痛うて足が痛うて〟って痛いところばかり数える人がおるなあ。それもうやめようよ。元気なところを数えていこ。〝わしはご飯が食べられる〟とか〝息ができるぞ〟とかな」。ユーモアあふれる話に参列者はどっと沸く。

「お酒もホーム内結婚も大いに勧めています」

橋本幸子さん（八十三歳）はここで十三年暮らす（二〇一四年当時）。「気安くてええ所よ。人間関係はちょっとめんどい時もあるけんどね」と笑う。

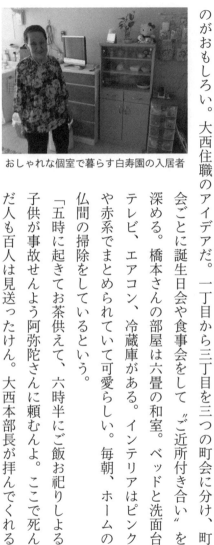

部屋にお邪魔させてもらった。各個室には「〇丁目〇番地〇号」と住所表記があるのがおもしろい。大西住職のアイデアだ。一丁目から三丁目を三つの町会に分け、町会ごとに誕生日会や食事会をして〝ご近所付き合い〟を深める。橋本さんの部屋は六畳の和室。ベッドと洗面台、テレビ、エアコン、冷蔵庫がある。インテリアはピンクや赤系でまとめられていて可愛らしい。毎朝、ホームの仏間の掃除をしているという。

おしゃれな個室で暮らす白寿園の入居者

「五時に起きてお茶供えて、六時半にご飯お祀りしよる。子供が事故せんよう阿弥陀さんに頼むんよ。ここで死んだ人も百人は見送ったけん。大西本部長が拝んでくれるから安心よ。そりゃええ人よ。いろんなことに理解がある人。苦労したと聞いたけん、人間苦労せなあかんね」

身寄りのない人が亡くなるとお葬式もあげる。豪華な宮型霊柩車で迎えに来てもらい、お年寄りと職員が二列に並び、皆で棺を送り出す。お骨は仏壇で預かる。すでに八百基になった。大西住職は「自分の時もこうしてもらえると安心してほしい。苦労の連続だった方も多いですが、人生の最後は平穏に過ごしていただきたい。それが人生の先輩に対する私たちの努めだと思います」と話す。

花祭りには寝たきりの人の部屋にも花御堂を台車で運ぶ

　仏教行事も盛んだ。花祭りは誕生仏に甘茶かけ。台車に花御堂を乗せ、寝たきりの人の部屋も回る。お盆、春彼岸は亡くなった人の慰霊祭もする。

　ちょうどお昼になり、お年寄りが食堂に集まってきた。食事はバイキング形式。やはり大西住職のこだわりだ。合掌し、感謝の言葉を唱えていただく。

「給食ではなく、体調に合わせて自分で選んで食べてもらいます。そうすれば食べ物も無駄にならない。売店にはお酒やビールも置いています。お刺身が出た日は一杯飲みたいじゃないですか。アルコール依存症になったらどうするとの批判も出ますが、心配ばかりせず、問題は起きた時にしっかり対応すればいい」と鷹揚だ。

デイサービスのお年寄りたちと話す大西住職

廊下を助け合いながら歩く仲むつまじい男女とすれ違った。ここで出会い、夫婦となった二人だという。大西住職は「ホーム内結婚も大いに勧めています。遺産の問題が絡むので入籍はしませんが、同居は許可します。親族から〝恥ずかしい〟と責められることもありますが、本人の気持ちが一番。八十五歳の女性と七十二歳の男性の恋が実ったこともありますよ」とほほ笑む。カップルが誕生すると、結婚式まで挙げ、皆で祝福する。

笑顔が素敵な女性は九十三歳だという。朝夕、ホームの植物に水やりを欠かさない。率先して配膳や洗濯物を畳むお年寄りも見かける。日ごろ奉仕に尽くした人は敬老の日に表彰される。お年寄りと一緒に社会貢献をしたり、地域と交流するのも大西住職の方針だ。毎月、ホーム前の堤防で空き缶を拾い、慰問に来てくれた小中学校には雑巾を縫ってお返し。「〝国から税金もらうだけでのほほんとしてちゃいかん〟と話すんです。生ける者は一生、社会貢献せなあかんってね」

まさに僧侶ならではの老人ホームだ。

漁師の家から仏門に入ったわけ

大西住職の自坊である願成寺は阿波老人ホームから車で十分、徳島駅から徒歩十五分の場所にある。一帯は寺町で、様々な宗派の二十六カ寺が固まって建つ。一六四九年に現在地に移転したと記録に残る。約六百坪の境内には五十坪の本堂と庫裡、檀家墓地がある。徳島市内の高野山真言宗地蔵院の住職も兼ねる。

大西住職は一九四三年、徳島県阿南市に五人きょうだいの次男として生まれた。父の椋本行夫《むくもといくお》氏は在家。漁師をしていた。

「子沢山だったので生活は大変。家は六畳一間のトタン屋根で、夜寝ていると天井からきれいな星が見えたねえ」と振り返る。母・マサノさんも夜遅くまでムシロを編む内職をして暮らしを支えていた。健二少年（大西住職の俗名）は読書が好きだった。小学校の担任が「お寺に行かんか。勉強できるぞ」と提案してくれた。マサノさんも、「長袖の職業につけば一生、食べることに不自由はせんだろう」と賛成。

「お寺に行ったらお米のご飯が嬉しくてね。〝僕、お坊さんになる〟と言いました。翌日からは麦飯でしたけど」と笑う。

小学五年生の十一月、市内の高野山真言宗道明寺の弟子見習いとなった。が、健二少年はお母さん子。母と離れるのは辛かった。「お腹が痛いと言うと学校までおぶってくれる母でした。おかげで小学校六年間、皆勤賞でした」

道明寺の賀川琳裕《かがわりんゆう》住職は早起きだった。毎朝二時には起きる。健二少年も暗いうちから「手紙を出してきなさい」と用事を言いつけられた。「お墓を通るのが怖くて怖くて」と振り返る。中学に上がる年、賀川住職の師匠のお寺である小松島市の高野山真言宗別格本山立江寺《たつえじ》に弟子入りすることになった。師匠は同宗総本山金剛峯寺の三百九十五代座主、庄野琳真《しょうのりんしん》住職だ。得度して「智城」という僧名も授かった。

立江寺は四国霊場第十九番札所。兄弟弟子も沢山いた。お遍路の宿坊でもあり忙しかった。毎朝四時から部屋の掃除や配膳。持ち場が決まっているので寝過ごせない。「毎晩寝る前に水を大量に飲み、トイレで目が覚めるようにしていた」とはさすがだ。師匠は「往復仕事をしなさい」「言われたことは今やりなさい」と厳しかった。

とはいえ、わんぱく盛り。師匠の目を盗み、兄弟弟子と悪さもした。「鯨肉を買ってお寺の屋根ですき焼きをしたり、近所の鶏を盗ってきて見よう見まねで絞めて食べたこともあります」と打ち明ける。

徳島市内の26カ寺からなる寺町にある願成寺

「辛抱なしで幸せをつかんでも一つも残らない」

なんと、賽銭泥棒の常習犯でもあった。友達はお小遣いが三百円だが、智城少年は百円。うらやましかった。夜中、皆が寝静まってから本堂に忍び込んだ。濡れ手に粟のお金で友達にうどんをおごることができた智城少年は大満足。が、二カ月後。その晩も師匠に、「おやすみなさい」と手をついて本堂へ。三百円が手に入りウキウキしていると、突然「こら智城、いるだけにしとけ！」と師匠の大声が響き、思わず二百円を賽銭箱に戻した。

翌朝はきまずい思いで挨拶に。「田舎に帰される」と縮こまっていると、師匠は色紙を一枚書いてくれた。左側に「辛抱」とあり、その間には矢印。右側には「辛」の文字。「智城、この意味分かるか」と師匠は尋ねてから辛の上に横棒を一本引いた。「辛」が「幸」に変わった。

「智城、人間は辛抱をして幸せをつかむものであって、辛抱なしで幸せをつかんでも一つも残らない。おまえは自分だけが良ければいいと思うならば、すぐに田舎に帰りなさい。すべての人が幸せになるためにはどうしたらよいかを考えて生活をするつもりがあるならば、お坊さんとしてお寺に残りなさい」

この日を限りに賽銭泥棒はぴたりとやめた。そしてこの言葉はその後、智城少年が僧侶として歩む時の指針となった。

「師匠は厳しい方でしたが、人として大事なことを沢山教えてくださいました」

高校二年の時、辛い出来事もあった。母が病気だと連絡が来たが、修行中で帰れない。毎朝、本尊に懸命に拝んだが、まもなく亡くなったと知らされた。

「神も仏もないと絶望しました。七十六年間で一番辛かったことかもしれません」

大学はお寺が高野山大学に進ませてくれた。山内の持明院に寄宿し宿坊を手伝いながら通った。空き時間は風呂敷を背負い、高野山大学の松長有慶先生の元へ。

「お酒を飲ませてくれるのが嬉しかった。先生の貴重な話をそば近くで聞けたのは今でも宝です」

卒業後は立江寺でお礼奉公し、二十四歳の時、二つ下の順子さんとお見合い結婚。男の子二人を授かった。

阿南市にある高野山真言宗東福寺で四年間、住職を務めた後、縁あって、跡継ぎがなかった願成寺の住職と養子縁組した。奥さんの順子さん（七十四歳）は農家の出身。お寺の生活は大変だっただろう。こう穏やかに話す。

「右も左も分からず、ご住職夫妻に言葉使いから歩き方まで直してもらいました。当時は必死でしたが、素晴らしい教育をしてくださったなと感謝しています」

老住職夫妻を看取り、一九七八年、大西住職は三十五歳で後を継いだ。檀家は百軒と少なく、伽藍も老朽化。お寺の護持には兼業が必要だった。県の青少年センターに勤めてから一九八四年、四十歳の時、白寿会の事務長に就いた。が、「十畳間に六人が寝起きして監獄のようでした」と率直に話す。当時は子が親を老人ホームに入れるのは外聞が悪く、入居者も肩身の狭い思いをする風潮が強かった。大西住職は二年後に施設長に就任すると「どんなお年寄りも尊厳ある生活を」と決意。改革に乗り出す。

社会福祉事業には行政との連携も不可欠だ。大西住職は地元自治体から頼られ、福祉政策に欠かせない存在となっていく。「よしの園」や「御所園」も行政から委託され開設したものだ。秘訣をこう話す。

「幸い白寿会は伝統があり、信頼してもらえたので様々な委員に呼ばれました。そこで発言すると〝面白い〟と言われ、県やほかの自治体も委員に呼んでくれる。その積み重ねです」

たとえば「ヤクルトのおばさんに独居老人を見回ってもらったら」「出前介護をし

たら」と提案。これらは当時は無理だと思われたが、デイサービスやホームヘルパーとして現実化している。

介護士不足が問題になると、養成学校の開設を行政に要望。補助金を得て二十年間、介護士の養成もしてきた。

「住職は十職です」と楽しい講演も年50回以上になる

活躍の場は老人ホーム、大学、そして世界へ

大西住職の活躍は老人ホームにとどまらない。全国から年五十回も法話に呼ばれる。地元のテレビやラジオ、カルチャーセンターなどでも引っ張りだこ。

県内の四国大学、徳島文理大学などで長年、社会福祉論の講師も務め、教え子たちは福祉の第一線で活躍する。授業も型破り。最初の十分間は法話。講義は二十分だけで後は自由に質疑応答の時間だ。海でアサリを拾って老人ホームに行き、味噌汁を作ってお年寄りと交流することもある。「スナックでゼミをして学校から〝ちゃんと届け出てください〟と叱られたこともある」と肩をすくめる。

二〇一〇年から十四年までの四年間、京都の真言宗御室派総本山仁和寺の執行（責任役員）、財務部長も務め、文化財保存に力を注いだ。平日は京都、週末は自坊を長距離バスで往復する激務だったが、「いい経験でした。バスでは本も読めますし。住職とは十職。十足の草鞋を履いて役に立つのが住職ですから」と何でも全力だ。

仁和寺時代の二〇一一年、「日本の文化財の管理と保護」をテーマに京都大学で講義を行った。これが好評を博し、請われて一三年にフィリピンのサントトマス大学、一四年はフランスのパリ日本文化会館、一五年に香港の香港城市大学、一六年にも中国・浙江省の浙江大学で講義を行った。さらに、一七年には中国・江蘇省の大明寺で「中国から日本への先駆者・鑑真について」の講演も。大西住職は「一九七四年、三十一歳のときにはパプアニューギニア、オーストラリア、ニュージーランド、フィジーをまわる日本政府の『世界青年の船』に班長として乗船し、各国の青少年との親善に尽くしました」と邂逅する。「でもね」と大西住職。「家内がお寺を守ってくれたので私は飛び回ることができました。いつもお檀家さんを第一に考えてくれます」と順子さんに感謝する。

二〇一四年に真言宗各派総大本山会より密教教化賞を受賞、二〇一八年には長年にわたる老人福祉への貢献から、瑞宝単光章も受章した。

「私なんか口ばっかりで、現場にずっといるわけでもない。現場の職員ががんばってくれたからこその受章です」と大西住職は静かに話す。

老人ホームは「右腕」と信頼する吉田光子施設長（七十三歳）らに託してきた。

吉田施設長は一九七〇年に寮母（介護職）として働き始め勤続五十年。

「働きやすい職場です。大西本部長は昔は厳しかったですが、丸くなられました。大きな愛情で皆を包んでくれる存在です」と話す。

大西住職は職員の労働環境にも気を配る。

「職員が幸せじゃないとお年寄りのいいお世話はできない」と考えるからだ。職場は九割が女性なので子供がいても働きやすいように配慮する。

介護保険制度が導入されてから老人ホームを取り巻く環境は激変しているという。

それまでは行政から支払われる「措置費」で運営の大部分が賄われてきたが、利用者側に選択の自由が広がった。大西住職は今の福祉行政に対し、こう指摘する。

「福祉の分野を市場原理の下で熾烈に競争させるのは間違いだと思います。劣悪な老人福祉施設で高齢者が亡くなる事件が相次いでいますが、多くが規制緩和により参画する多様な事業所が経営する営利目的の施設。しわよせが来るのは弱い立場の人です。認知症の問題も深刻です。自宅で認知症のお年寄りを看ている人にはもっと手厚い補助をすべき。行政に提言していきたい」

住職のアイデアと活動は止まりそうもない。

「おふくろに褒めてもらえるホームにしたい」

仁和寺を退任した際には、なんと、五十九日間も連続で送別会や慰労会が続いたという。が、前日どんなに遅くなっても、住職に就任以来、朝五時からのお勤めを欠かさない。六十代までは毎朝、水行もしていた。

自坊では誰もお参りがなくても七日は七福神、二十一日は弘法大師、二十八日は不動明王の縁日のお勤めを続けてきた。老朽化していた伽藍も一九八九年に庫裡、九八年に本堂、二〇〇三年に山門を改築、一四年に多宝塔を建立、見違えるようにきれいになった。大西住職が社会貢献に尽くす姿を見て、「檀家になりたい」と来る人も増えた。今後の目標を尋ねると「自分が入れるホームを作ることやね」と冗談めかして言う。が、「今も残念なのは母に長生きしてほしかったこと。もっといい家に住まわせてあげたかった。おふくろに褒めてもらえるホームにしたいね」。町の人みんなをお母さんと思い、大切にお世話してきたのだろう。住職の老人福祉に注ぐ情熱の理由が分かった気がする。

朝八時、今日も大西住職は阿波老人ホームに出勤。〝ウロウロ〟して見回る。「パンツ一枚洗うのにお年寄りが洗濯機回してるぞ。洗剤は置きっぱなしではなく、一人に一月分ずつ配りなさい」と新人を指導。寝たきりで「お別れが近い」と感じる人の部屋は毎日訪問する。手を握り「安心していいよ」と語りかける。仏教精神溢れるこんな温かい老人ホームが増えれば、お年寄りも、支える若い人も、未来に希望が持てるはずだ。仏教の役目はますます大きいと教えられる。

2

誰にも門戸を開くお寺のぶっちゃけ問答が大人気の本当のわけ

京都府京都市中京区

真宗大谷派 浄慶寺

中島浩彰 住職

中島 浩彰（なかじま ひろあき）
1970(昭和45)年、京都府生まれ。大谷大学文学部卒業。真宗大谷派宗務所勤務を経て99年、京都市の同派浄慶寺住職に就任。自坊を会場に「ぶっちゃけ・問答」「お寺で宇宙学」「夜聞願堂」など共に語り合える場を開く活動を実践している。2013年には超宗派による「国境なき僧侶団」を結成。近年は境内の土蔵をリフォームし「カフェ＆バール蔵」を開店。

扉の写真／タブーなし、遠慮なしの浄慶寺のしゃべり場カラーでお見せできないのが残念だが、まず37頁のチラシ（A4判）をご覧いただきたい。「お葬式を考えよう」「お布施は誰のモノ?」「檀家離れの仏教ブーム」「宗教を検証しよう」はもちろんだが、「ひきこもり」、さらに「結婚」や「受験」といった誰もが興味のわくテーマも取り上げている。

思わぬ難問をぶつけられると話す中島浩彰住職

これらのチラシを見るだけでも、これからお伝えする「ぶっちゃけ・問答」が、いかにバラエティに富んだ内容なのかが分かるだろう。

現在、京都市中京区の真宗大谷派浄慶寺《じょうきょうじ》と、同市上京区の同派長徳寺で、毎月一回、月交代で行われているものだ。主催も、浄慶寺の中島浩彰《なかじまひろあき》住職と、長徳寺の仁科摂前住職《にしなおさむ》だ。

ここでは、この催しを始めた浄慶寺の中島住職の実にユニークないとなみを紹介しよう。

中島住職は、「ぶっちゃけ・問答」をこう説明してくれた。

「『ぶっちゃけ・問答』は誰でも参加できる、お寺の語らいの場です。二十年前から始めて、二百回を超えます。夜七時半からのスタートで参加費はお茶代込みの五百円。毎回、事前に掲げたテーマにあわせ、タブーなしで自由に意見交換をします。主に中高年の男性が常連さんですが、初参加の方も含めて多い時には三十人くらい来られるでしょうか。市内だけでなく大阪や奈良から来る方もおられます」

いったい、どんな場なのだろう。

「一千万円、お寺さんはどう思います?」

「ぶっちゃけ・問答」は、左頁のチラシをはじめ、お寺のホームページやフェイスブックなどで告知される。ときに『京都新聞』の無料告知欄にも載ることがある。数カ

様々なテーマで思わず足を運びたくなる「ぶっちゃけ・問答」のチラシ

月先までテーマが決まっているので気になるテーマの日を選んで来る初参加の人も多い。

　思わぬ難問をぶつけられることも少なくない。

『お墓について』というテーマを掲げた時、初参加がトラックの運転手Aさんと八十代のおばあさんだった。実は二人は、ある悩みをぶっちゃけたくてやってきたのだ。

運転手のAさんは最近、奥さんを亡くしたばかり。生前は優しくしてあげなかったが、亡くなってからようやく妻のありがたみを知った、自分はいかに嫁不孝な人間だったかと切々と語り出した。

「Aさんは、家のお墓の守《も》りもすべて奥さんに任せておられたそうです。そんなものだから忌明けが済んで納骨の段になった時、霊園に行ったけれど自分の家のお墓がどこにあるか分からなかった。管理事務所に行って教えてもらい、ようやく分かったのですが、腹が立ったそうです」（中島住職）

Aさんの怒りはこうだった。

「全部、同じような四角い墓ばかりやから、見分けがつかんのや」と。思い出したのが国道沿いの墓石屋に並ぶパンダやピアノの形をした自由な墓石。ヨシ、愛する妻のためにいちばんの墓を作ってやろう。

「Aさんは墓石屋に頼んで、奥さんの姿の墓石を作ってもらったんです。ところが霊園に設置しようと承諾をもらいに行ったら、〝そんな形のは置けない〟と断られてしまった。〝大ショックや。女房の姿の墓、作ったらあかんかったんでしょうか？〟とぶちまけられたんです」と中島住職。

八十代のおばあさんが打ち明けたのは、「うちはお寺に六つ、墓があるんですが、六カ所バラバラにあるんです。嫁ぎ先では毎月一日はお墓参りの日と決まっている。でも八十歳になると、六カ所の墓参りが辛くなってきたんです。水も重いし、花もかさばる。けど自分の子や孫は墓参りに来てくれないし、来いともいいづらい」と。

おばあさんは決めた。六カ所の墓を一カ所にまとめようと。お寺に相談したところ、住職は「分かりました。六カ所お墓返ししてください。代わりに一カ所ぶんの敷地は広めのを差し上げましょう」と答えてくれた。そこで、お寺に出入りの墓石屋さんにお願いすると「お値段は勉強させてもらいましょう」と返答。ヤレヤレと胸をなでおろしたが、値段を聞いて仰天したという。中島住職の話。

「一千万円といわれたそうです。墓石屋さんは〝墓石を一基つぶすのは、一基新しく作るのと同じくらい費用がかかる〟という。本当だったら一基二百万円で、六カ所あるから千二百万円。新しい墓石を作るのでまた二百万円の合計千四百万円がかかるが四百万円まけて一千万円にしてくれたと。おばあさんは憤慨して、〝そらそうかもしれんけど、一千万円なんかどうにもなりません。お寺さん、どう思います？〟と訴えにこられたのです」

それでは、二人の難問にどう答えたのか。

実は僧侶の方が教えられるばかりの場です

「その日は、私以外にも二人の僧侶が参加していたんです。三人のお寺さんのうち、一カ寺に墓地がありました。それでそのお寺に、〝あんたのお寺に、Aさんの墓を置いてあげたらどう？〟といったんです。そしたらそのお寺さんがちょっと考えて、〝ダメ〟といわれました」

なんでダメなのか。皆が注目するなか、その住職はこう説いたそうだ。

「お墓というのは代々守っていくもんや。あなたは自分のところのお墓も今までろくに参りもせんかった。あなたこれから先、どれくらい世話ができる？　作ったときは確かに綺麗だけど、ほったらかしで掃除もせず、野ざらしになったらどうなる？　五十年、百年経ったら石も割れ、苔もむす。お岩さんみたいになってしまうかもしれない。今のあなたには大事な奥さんの姿やけど、ひ孫の代になったら誰か分からない。子孫に〝何でうちはお岩さんみたいな墓なんや？〟となじられるのはお寺です。今、あの四角い墓がこんなにあるというのは、いちばん守りやすい形だからと違うかな」

Aさんは住職の話に納得したそうだ。

では、おばあさんはどうなったのか。

「話をよく聞くと、どうもそのお寺では墓石屋が一社独占契約をしていたんで、高かった。お墓のないうちの寺では気づかないことでした」と中島住職。でもその後、おばあさんはこう報告してくれた。

「ご先祖さんにいうてきました。〝一つにまとめようと思いましたが私の甲斐性ではムリでした。あんた方が幽霊になってでも出て来て一千万円出してくれたらよろしいけど、そういうわけにもいかん。そやから、自分が生きている間には精一杯させてもらうけど、子や孫の代になって無縁仏になっても堪忍してや〟と」

それにしても「お墓」というテーマをひとつ掲げただけで、こんな相談や悩みが持ち込まれるのだ。

中島住職は話す。

「『ぶっちゃけ・問答』は僧侶でありながら知らなかったこと、気づかなかったことを私が教えられる場でもあるんです。家族や門徒さんから反対を受けたり、試行錯誤の連続でしたが、やめずに続けてこられたから今があると思っています」

「日本にいたらダメになる」と本気で思いつめて

浄慶寺は初め今の愛知県一宮市にあった。戦国時代、織田信長の命を受けて京都に移転。江戸期に東本願寺の末寺となった。約百坪の境内には本堂、庫裡、蔵がある。月参りに行く門徒は約四十軒。

中島住職は一九七〇年、同寺の長男として生まれた。弟が一人いる。

だが浩彰少年が五歳の時、父親の広美住職が四十二歳の若さで亡くなった。母親の須摩代さんは教師資格を取得。代務住職となり、お寺と家族を懸命に支えてきた。「母を手伝いたい」と幼心に思っていた浩彰少年だが、思春期になると心がゆれた。

戦国時代に織田信長の命を受けて愛知から京都の町に移転した浄慶寺

「母からいつもこういわれていたんです。〝あんたは一人で生きているのと違う。皆さんのおかげで生かさしてもらっているんやで〟と。今なら分かるのですが、子供の頃はなかなか理解できなかった。自分の頑張りを全否定されるみたいだと。それで次第に、お寺にいる限りは、生かしてもらっている、ということになるんだから、自分が住職になったらお寺を解散して売り払って店でも始めようとこっそり考えていたのです」

高校三年生の時、宗門校の大谷大学の推薦が決まっていたが、

「親からは〝頼むから四年間、遊んでいてもいいから大谷大学に行って、教師の資格をとってほしい〟といわれました。でもそれがまたイヤだった。

で、今が人生の分岐点や、日本にいたらダメになる、海外に飛び出そうと。本気でそう思いつめていました」と振り返る。進学先に選んだのが、京都の旅行関連の専門学校だった。そこでの短期語学留学時代、アメリカで思わぬ経験をする。

「アメリカの留学先には世界各国から人が集まっていました。前期の三カ月が過ぎた頃、皆でディスカッションしたんです。テーマは私の母国を紹介するというものでした。ところが私はほとんど答えられなかった。〝日本ってどんな国？　どんな文化があるの？〟と聞かれても、そんなこと、考えたこともなかった」

質問は留学目的にも及んだ。

「胸をはって、〝自分は喫茶店を開きたい。アメリカの文化を吸収して日本でこの夢を実現したい〟と答えました。皆、ものすごく応援してくれて、幸福感に包まれました。そして最後のテーマが『あなたの宗教は何ですか？』だったのです。それで、私は無宗教だ、と答えた途端に〝ユアクレイジー！〟〝エイリアン！〟と一転して罵声を浴びせられた。理由が分からず、きょとんとしていた」

いぶかしむ浩彰青年に、他国から来た留学生はこう説明してくれたという。

「あなたの夢は素晴らしい。でもあなたが無宗教だといった時点であなたのすべてが信じられなくなった。自分たちはいろんな宗教の下に生まれて、文化や伝統を背負っている。宗教が違っても信仰を持っている人間は、その人の信じる宗教のもとに、その人がいうこともまた信頼に足ると判断できる。でも無宗教の人は明日どうなっているか分からない。一貫した土台となるベースがないのだ。本能のままに生きる動物のようなものだ」と。

衝撃を受けた。

中島住職は振り返る。

「自分の宗教を持たないと海外では生きていけないんだと痛感させられた体験でした。自分の宗教を考えた時、とりあえず家は寺。海外に出る前に、寺のことを少し勉強してもいいかなと思いました」

旅行会社勤務を経て二十代半ば、一浪して大谷大学文学部に進学した。

往来の人も見入る浄慶寺門前にある伝道掲示板

『ザ・問答』は親や門徒に猛反対を受ける

大谷大学卒業後、東本願寺に就職。勤めたのは一年間だったが、ここで覚えた違和感が、「ぶっちゃけ・問答」につながる。

「自分が学校で学んできた真宗の教えは、大衆と同じ土壌で生きていくというものでした。でも本山の空気は世間とは別格だという意識のように当時、感じました。同期の仲間と、この違和感は大切にしたほうがいいんじゃないかと話し合った。一般の人たちと交流を保っていかなきゃだめだよねと。ならば月一回、お寺との垣根をなくす交流の場を作ったらいいんじゃないのと思いついたわけです」

生まれたのが「ぶっちゃけ・問答」の前身、「ザ・問答」だった。ちょうど住職に就任した頃でもあった。あえて〝問答〟としたのは話すうちに、自分の中から答えが生まれる〝自問自答〟の願いを込めたという。浄慶寺を会場に、誰でも来てほしい、と呼びかけた。ところが、親や門徒の猛反対を受ける。

「反対理由は、誰が来るか分からない、泥棒でも来たらどうするのか、と。門徒さんも〝自分たちのお寺だ〟と仰った」

押し切って始めた。親や門徒の心配が別のかたちで分かったという。

「誰でも来てください、というのは本当に誰でも来るということでした。その人を前にして初めて、自分の〝誰でも〟は誰でもじゃなかった。自分のレベルにあった人しか目に入っていなかったと気づかされたのです」

ところが、そんな中島住職の心配を超えたところに場の力があったというべきか。障害があり、自己表現がうまくできない人が来た。中島住職は不安だったが参加者は皆、その人を普通に受け入れ、話にじっと耳を傾けていた。

「すごいなと思いました。寄せ集めの場なのに、支え合える。安心感が芽生えました」と中島住職は述懐する。

一方で、進行上の困難に何度もぶつかった。人数が多いと一人あたりの発言時間が短くなる。鐘を鳴らしたり、砂時計を置いたりもしたがどれも不評。「十人ぐらいが限度だと分かった」という。

空気が悪くなることもしばしばあった。

「一時期は特定の人がずっと話したり、場が荒れていました。その当時、私がはまっていたのがハーバード大学のマイケル・サンデル教授の『白熱教室』。あの先生は皆の意見を上手に吸い出し、いろんな違いがあるなかでまとめていくという方法。私も真似をして、選び難い究極の二択を投げかけて、意見を募ったのです。ところが盛り上げるつもりだったのに、〝そんな難しい判断はワシにはできん〟とか怒られてしまった。逆に〝問答ってこんな場やったか？〟と問い返されたんです。気づいたのが、自分は話をまとめようとしていたということ。自分の思う結論を導き出そうとしていた。自問自答の場なんだから必要なかったのです」

でも、そんな予定調和のない混沌とした場だからこそ、時に強い力も生むことに中島住職は気づく。

「ひきこもり」をテーマにした時だった。本当に自称・ひきこもりの青年がやって来たのだ。

「その方は〝社会的ひきこもり〟ともいうタイプでした。他人の視線が気になり、会社も辞めてしまったと。見た目はハンサムで、クラシック好きの方でした。その話を聞いて、参加者のおっちゃんたちは〝何が不満や〟とか〝親が亡くなったらどうやって生きていくんや！〟と遠慮なく、親身に心配していました。でも聞けば彼の実家は相当の資産があり、死ぬまで生活には困らないという。すると一人のおっちゃんが深く頷いて、彼にこういったんです。〝ええやんか。歴史を見ても偉大な芸術家は皆ひきこもりや。皆、パトロンがいて芸術を極めていった。環境がなくては、ひきこもろうと思ってもなかなかひきこもれないもんや。置かれた場所もお前の一つの才能や。大いにひきこもれ〟と後押しされたのです」

後日、青年の実家からお寺にお礼の電話があった。「息子があんな清々しい顔をして帰ってきたのは初めてです。お寺でいったい何があったんでしょう？」

中島住職はこう話す。

「私など彼の話を聞いて、どうしたらいいんやろとかける言葉が見つからなかった。〝胸を張ってひきこもれ〟なんてそんな視点はまず持てなかった。彼は本当に嬉しかったのでしょう。言葉の出会いというのは凄い。人は人とかかわるなかで再生していくんだと思いました」

お寺が消えるのが先か、日本の崩壊が先か

さて、普段の中島住職は、「ぶっちゃけ・問答」や報恩講などの年中行事以外にも、新たな取り組みを行っている。専門家を招き、本堂で宇宙についての講座を開く「お寺で宇宙学」や、コンサート「テラの音」、また一般の初心者と若手の僧侶が共に学び合う「夜聞願堂」等々。二〇一三年には京都府下の日蓮宗住職と「国境なき僧侶団」を結成し、超宗派の僧侶仲間と共に各地に赴き、トークイベント（法話会）を開く。さらに、これらの活動に加え先頃、なんと境内の二階建ての蔵を仲間とリニューアルして「カフェ&バール蔵」としてオープンさせた。月二回ほどの開店だが、その日はバーテン経験も持つ中島住職がマスターに早変わり。ワンコイン五百円で、お酒やおつまみを提供する。お酒を手に住職と、まったりと語り合えると反響がいいらしい。

専門家から宇宙について学べる「お寺で宇宙学」講座

「これまでの活動からは参加者は増えたけれど、檀家になられる方はおられませんでした。ですが、『バール蔵』を開いてから、二軒の檀家が増えました」とほほ笑む。

家庭では三児の父親として育児にも力を入れる中島住職でもある。それにしても、次から次へと多彩な活動を続けるパワーに感嘆するばかりだ。走り続けるのは住職になって見えた、お寺、いや日本の社会そのものへの危機感からだという。

「自分は住職になった時、一番怖かったのはお年寄りから〝死にたくない、お念仏でどう救ってくれるの？〟と問われることでした。でも実際は逆です。皆、〝早くお迎えがきてほしい〟という。体も痛いし、親しい人もいなくなった。自分一人死ねずに生きていると嘆くのです。こんな話を九十代の人から聞くほど辛いこと

本堂で催すコンサート「テラの音」は毎回大盛況

蔵を改修した「カフェ＆バール蔵」も好評

はない。経済効率優先の社会では長生きは幸せではなくなっているのです」

その問題と同根にあるように感じられるのが、〝つながり〟の否定だ。顕著にあらわれるのが仏事においてだという。

「最近ようやく二軒増えたものの、門徒さんの減少がとまらない。一件、お葬式があったら、一軒、門徒さんがいなくなる状態です。以前なら、家の中で親から子へと伝えられたものが断たれているんです。自己完結している。なぜそうなのか。背景に、葬儀の時ばかりでなく、〝他人に迷惑をかけたくない〟という思いがあるのです。早く死にたいというお年寄りも、〝迷惑をかけたくない〟といいます。でも迷惑をかけたくない、という思いは、裏をかえせば迷惑をかけられるのはもっとよくない、というのにもつながります。つまり相手に否定的なんです。本当は、人は迷惑をかけなければ生きていけないし、それを知っているからこそ、今度は他人に精一杯しようとする。そのつながりの中で生きているはずが、日本はいま個人主義という名の利己主義になってきている気がします。このままいくと、日本という社会は崩壊するでしょう。お寺が消えるのが先か、日本が崩壊するのが先かと思う」

だからいま、お寺が問われている。

「お釈迦様のいわれた言葉に〝仏教は船のようなもの。大河を渡るのに必要なのが船であって、渡ってしまったあとは後生大事に背負っていく必要はない〟というのがあります。世の中が仏教もお念仏もいらないといえばお寺はいらなくなる。でも、一人でもその救いを求める人がいれば、その人のためにお寺がある。私自身もかつてお寺も仏教もいらないと思っていたけど、今は生きて行くために必要だと思っています。だから今の人たちにお寺として仏教を通じて何を発信できるかというのが大切でしょう。『ぶっちゃけ・問答』もその一つの試みです。もっと他のお寺でもこのような場が増えてほしい。そうして生きる力が失われている時代、何かを信じることで生きていく強さが生まれたら、そこにお寺がかかわれたならと思う。理想かもしれませんがそう願っています」

一つひとつのお寺は小さな発信力かもしれないが、その思いがつながれば社会が変わるのではないか。中島住職のそうした思いが広まってほしいと願った。

〔文／本誌・上野ちひろ〕

3

地域寺院で七福神めぐりを開創して大成功させた人情住職あり

山梨県西八代郡市川三郷町

高野山真言宗 薬王寺

小野芳幸 住職

小野 芳幸（おの ほうこう）

1947(昭和22)年、山梨県生まれ。都留文科大学文学部卒業。69年、山梨県西八代郡市川三郷町の高野山真言宗薬王寺住職に就任。県立高校などの教員を勤めた。2004年、地元の同宗7カ寺で「甲斐西八代七福神」を開創し、盛況を博している。15年からは自坊で夫婦共に里親活動を開始し、多くの子供を育成。17年、宗門の高野山高校の校長（任期4年）の任命を受け、学校改革にまい進している。

扉の写真／巡礼者を迎える小野芳幸住職（右から２人目）

田園地帯を老若男女が楽しそうに語り合いながら歩いている。手には地図と御朱印帳。「甲斐西八代《にしやつしろ》七福神」をめぐる人たちだ。中に僧形の人も見える。住職自らがガイドをしているのだ。同七福神は山梨県西八代郡市川三郷町にある高野山真言宗七カ寺で構成されている。

この七人の住職は、依頼があると手分けして案内をする。巡礼者は境内の七福神像に手を合わせ、住職の先導でお経をあげてから、寺務所で御朱印をもらう。本堂にもお参りし、七福神の由来やお寺の歴史を聞く。

「温かいお茶をどうぞ」

お参りを終えた人に住職夫人やお手伝いの檀家さんが呼び掛ける。飲み物やお菓子が用意された机で一休みすると次の札所へ。それぞれの札所でも住職が待っており、お寺の説明をし、ゆず湯や甘酒が振る舞われる。

「七福神めぐりが好きでずいぶん行ったけれど、こんなに温かいご接待は初めてです。お寺っていいですね」と巡礼者は満足そうだ。

どのお寺でも缶ジュースやみかん、住職夫人が漬けたタクアン丸ごと一本などを持たせてくれるので、七カ寺のお参りを終えると、大きな袋を抱えた布袋様のようになっている人も多い。

ここ、甲斐西八代七福神が開創されたのは二〇〇四年とまだ新しい。なのに、年々、参詣者が増え、人気を集めている。どこも普通の檀家寺だ。なぜなのか。事務局を務める市川三郷町の高野山真言宗薬王寺、小野芳幸《おのほうこう》住職に成功の秘訣を聞いた。こう話す。

「ホスピタリティでしょうか。お寺さんにはお願いしたわけではありませんが、自発的にご接待を工夫しています。仏教に関心を持ってほしいと願う熱心な住職ばかりだからでしょう。巡礼の方は結構、感激されるみたいです」。そして、

「七福神っていいですよ。インドと中国と日本の神様が仲良く同じ船に乗っている。二十一世紀の宗教のありかたではないでしょうか」と笑みを見せる。

どうすればお寺に人が来るかと考えて

同じ宗務支所に所属し、日頃からよく顔を合わせていた七人の同宗住職。常々、

「どうすればもっとお参りに来てもらえるか」と話し合っていた。一人の老僧が提案したのが「七人だから七福神はどうか！」ということ。二〇〇三年のことだ。

「最初は旦那寺以外にはあまり行く機会のない地元の人に他寺にもお参りしてもらえればと考えました。歩くのは健康にいいですし、自分の住む地域に関心を持ってもらえるといいなとも思いました」

市川三郷町は甲府盆地の南端部に位置し、豊かな自然と百数軒の土蔵が建つ古い町並みも残る。七カ寺を回る行程は約十キロ。三時間で歩ける距離なので手軽だった。

七福神めぐりを成功させた小野芳幸住職

　まず、七福神開創前、小野住職は檀家総代に諮った。「お寺が活気づくのでいいですね」とみな賛同してくれたという。寄進を申し出てくれる人もいたのだ。

七福神像は高さ約二メートルの石像をそれぞれ各寺が新造し、境内に安置することにした。七カ寺のうち、七福神に入っている毘沙門天（多聞天）を本尊とするお寺が二カ寺あった。薬王寺と福寿院だ。

「先輩に譲りました」と小野住職。

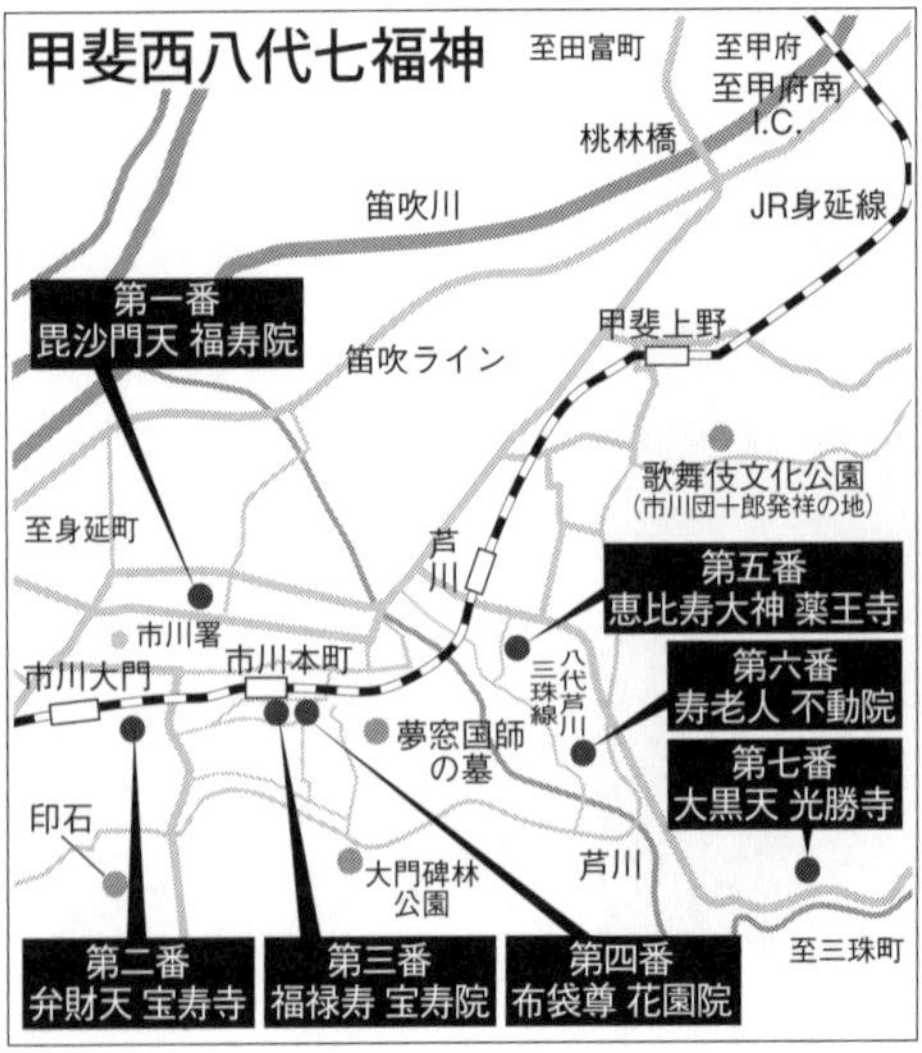

福寿院（河西倫孝《かさいりんこう》住職）が毘沙門天で第一番とし、六カ寺はくじ引きで祀る神仏を決めた。第二番宝寿寺（廣瀬《ひろせ》宗康《そうこう》住職）が弁財天、第三番宝寿院（廣瀬《ひろせ》義仙《ぎせん》住職）が福禄寿、第四番花園院（伊丹《いたみ》信《しん》匡《きょう》住職）が布袋尊、第六番不動院（一瀬《いちのせ》幾真《きしん》住職）が寿老人、第七番光勝寺（武田智宏《ちこう》住職）が大黒天、薬王寺は第五番で恵比寿神と決まった。

七福神信仰は室町時代に始まり、江戸

第１番 福寿院

第２番 宝寿寺

第３番 宝寿院

第４番 花園院

第５番 薬王寺

第６番 不動院

第７番 光勝寺

時代に人気となった。恵比寿神は日本、大黒天、毘沙門天、弁財天はインド、福禄寿、寿老人、布袋尊は中国由来の神様だ。

石仏は経費から、出入りの石材業者に相談し、中国で造った。七カ寺まとめて発注したので一体約四十万円と、国産の三分の一。それに準備したのは御朱印帳とパンフレット。一万部刷り、制作費は各五十万円ほどだ。七カ寺で等分に負担した。パンフレットも御朱印帳もカラー刷り。パンフレットはA4サイズで七福神の説明と地図、コースの所要時間が記されている。厚紙の御朱印帳は色紙サイズで、持ち運びしやすいよう三つ折りにした。「我ながらいいアイデアだったと思います」

御朱印は一カ寺につき三百円だが、御朱印帳は無料。巡礼者には御朱印帳、パンフレット、願いごとを書いて各寺に納められる七枚の「納め札」の三点セットを封筒に入れて渡す。各寺で御朱印をした人には、尊像の「御影」も渡す。七カ寺回ると、最後のお寺で「満願成就」の印を押し、御朱印帳を入れられる掛け軸も贈呈。かなり太っ腹だ。

さて、PRは、地元の観光マップに案内を出した。タウン情報誌や石材店のチラシなどは無料で載せてくれた。で、尊像や広告費を合わせると、かかった資金は一カ寺六十万円ほどだ。その後も経費が出ると、各寺で均等に割るという。

七福神霊場の成功にはグッズも重要だ。（右から）色紙サイズの御朱印帳、カラーパンフレット、納め札、御影。いずれも無料で頒布している

七福神で寺院収入は増えたのか

半年後の二〇〇四年四月、七福神を開始。最初は檀家に参加を募った。第一番の福寿院をスタート、薬王寺をゴールに設定。七カ寺の奥さんが一升ずつお米を炊いて薬王寺に集合し、おにぎりや豚汁を準備。お酒やビールも出して、総勢百人で大宴会をした。参加費はもちろん無料。

「これまで巡礼などしたことのない人がほとんどなので、大喜びでした」

その後も毎年、各寺の住職がそれぞれ檀信徒を連れてめ

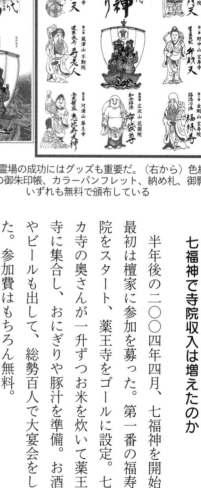

ぐっている。

「個人でも行けるのに『連れて行ってほしい』といわれます。みんなで歩くのがいい。寺檀の結束も強まります」

予想外だったのは遠方からも参詣者が来るようになったこと。東京や神奈川、名古屋など各地の旅行会社から、「お正月にバスツアーを組みたい」という申し出が殺到したのだ。バスツアーは元日から連日のようにやってくる。

「うちは除夜の鐘もつくので、大晦日から元日は徹夜ですよ」と小野住職は笑う。

七人の住職が手分けして、バスガイドを務めることもある。

事前に小野住職は虎の巻『甲斐西八代七福神めぐり説明マニュアル』も作成しておいた。各寺の歴史や周辺の観光地の説明がまとめてある。「スタンプラリーにならないように」と住職たちは「山門では一礼しましょう」「ご本堂にもご挨拶しましょう」ときちんと巡礼の心構えも説明する。

気になるのは七福神で寺院収入は増えたのかということ。小野住職は「持ち出しの方が多いです。目的はお寺に興味をもってもらうことで、利潤は考えていません」と

楽しく参詣できるよう工夫が凝らされた薬王寺の開創は天平時代

いう。

御朱印料は各寺の収入となるが、それ以上におみやげを持ち帰ってもらうことが多い。旅行会社は手数料としてバス一台に三千円、住職がガイドした場合には手当三千円をくれるが、これらも事務局からお願いしたものではないという。手数料などは事務局の会計に入れる。

七福神というとお正月だけのところも多いが、年間を通じて開いているため、桜や紅葉シーズンの人出も多い。年一千人以上は訪れ、町おこしにもつながっている。文化講座の講師や老人会などを連れて七福神をめぐったりと、積極的にボランティアガイドも引き受けている。

「お寺はサービス業だと思います。昔は学校であり、集会所であり、悩み相談の場所でした。それがお葬式だけになってしまった。本来の姿を取り戻したい」

実際、子連れの檀家が来ると小野住職は「待っててね」と、おもちゃを渡す。「将を射んと欲すれば先ず馬を射よというでしょう」と笑うが、こんな〝サービス〟があれば子供たちも「お寺って楽しい所」と思うだろう。

まずは人気の霊場のいい点をまねて

薬王寺はJR身延線芦川駅から徒歩五分の田園地帯に建つ。寺歴は古く、七四六年に行基が多聞天像を刻んで祀ったのが始まりとされる。かつては武田家や徳川家から庇護を受けてきた。

約三千四百坪の境内には様々な石仏が置かれている。

右手を差し出した「握手大師」には《修行大師様と握手をして願い事をしてください。清らかな願い事にしてください》と立て札がある。

「なでぼとけ」と書かれた仏は触り心地のよい銅製だ。

ユニークな仏像は「各地の霊場を回っていいなと感じたらマネさせてもらっています。坊主が話すだけでなく、無言の説法も大事ですから」という。

七福神めぐりの子供たちと境内で流しそうめんを楽しむ

これまで四国八十八カ所、西国三十三所、坂東《ばんどう》三十三観音、秩父三十四観音など、様々な霊場を檀信徒とめぐってきた。

「高齢の方は元気になるし信仰心も深まる。霊場めぐりの御利益は大きいです」

団参ではいい面も悪い面も学んでくるという。

たとえば交通渋滞などで閉門時間に間に合わないこともある。快く待っていてくれる寺院があると「地獄に仏。感動します」

一方、有名寺院では閉門時間前にお賽銭をじゃらじゃら数え出したり、金剛杖の奉納場所を尋ねたら、あごで示されたことも。「お手洗いは使えません」と書いてあるところもある。

「役僧の勤務時間が決まっていてしかたないかもしれませんが、そんな殿様商売では仏教の印象が悪くなるのでは」。もちろん薬王寺では「閉門は何時ですか」と問い合わせがきても「八時でも九時でもいいですよ」と歓迎。お手洗いも「今のうちに行っておいた方がいいですよ」とこちらから勧めるというから親切だ。

「全身全霊で里子たちとつきあう」

小野住職は一九四七年、薬王寺に生まれた。長男だった父は僧侶にはならずに東京で就職したため、芳幸少年も中学まで東京で育った。母の実家は南アルプス市の曹洞宗寺院。祖父は質素を絵に描いた禅僧で野菜を育て、自給自足していた。そんな生活に憧れ、学校の長期休暇にはすぐ祖父の寺に向かった。祖父母は厳しかったが「お寺の雰囲気がとにかく好き」。休みが終わっても東京に帰るのを拒んだ。

中学三年生のとき、薬王寺の後を継ぐはずだった人が亡くなってしまった。跡継ぎに白羽の矢が立ったのが芳幸少年。

「お寺が好きなので二つ返事でした」

家族全員でUターンし、薬王寺で暮らし始めた。一人前になるまで叔父が兼務してくれることになったので、お経を懸命に覚え、高校生になると、いとこについて檀家宅にお参りに行った。卒業後は高野山専修学院で教師資格を取得した。

同寺の檀家は百数十軒。伽藍の護持はできるが、お布施だけでは家族の生活費や子供の教育費までは出ないレベル。お寺と両立しやすいのは教職だと、教員養成系の都留文科大学に進んだ。在学中の二十二歳の時、叔父が亡くなり、住職に就任。学生との二足のわらじで「日々必死でした」と振り返る。卒業後は肢体不自由児の特別支援学校や県立高校で国語教師を務めた。法事の時は一時間単位で休みをもらいながら、定年まで勤め上げた。教え子もよくお寺に泊まりにきた。

「生徒たちからたくさんのことを学びました。兼職はよくないという僧侶もいますが、私はいいことだと思います。お寺を留守にしてしまうのは申し訳ないですが、一般市民の心情が分かります」

特別支援学校にいた二十六歳の時、同じ職場で看護師をする五歳下の富美子さんと結婚。男の子と女の子を授かった。

七福神を開創した翌年の二〇〇五年から、新たな取り組みも始めた。里親だ。小野住職は「お寺で里親はお勧めです」と話す。当時、県の嘱託職員として障害者相談所に勤めていた富美子さんは児童相談所から里親が足りないと聞き「退職したら里親をしたい」と考えていた。小野住職も賛成。「社会貢献というより、人間が好きなので、里親に興味があった」

乳飲み子から中学生までこれまで十数人を預かった。乳児院が満杯で空き待ちの乳児、母親が病気の子、不法滞在で親が強制送還されるまで預かったタイ人姉妹など、事情は様々。研修を受け「専門里親」の資格も取り、障害を持つ子も預かった。特に親の虐待で傷ついている子が多いので「全身全霊でつきあう」という。「子供から『俺たちなんて共働きで放ったらかしだったね』といわれます」

最も長く過ごしたのは一歳二カ月から小学校入学前まで五年間暮らしたA子ちゃんだ。若い両親の育児放棄で預かった。来たばかりのころはまるで無表情だった。

「最初は手のかからない子だなと思いました。でも子供なのにふと寂しそうな顔を見

里親として小野住職は里子たちに全身全霊で愛情をそそぐ

せるのが不憫でね。ノンキなうちの孫とは全然違う」。小野住職と富美子さんはいつも抱っこやおんぶをし、夜はA子ちゃんを真ん中に川の字で寝る。「いい子だね」「かわいいね」と言い続けた。

A子ちゃんは元気で優しい女の子に成長。手紙を書くのが好きで《おとうさん、おかあさん、わたしをまもってくれてありがとう。みんなみんなありがとう》とよく感謝の言葉を書いて渡してくれ、檀家の接待も進んでするようになった。

児童相談所は子供の親と同年代の里親を望むそうだが、「それは机上の空論です。里子は実子に嫉妬しますから、よほどの覚悟がないと実子と同時には育てられない。人生経験があり、生活にも余裕があるリタイア世代の方がその子を丸ごと受け入れられるのでは」という。

里子の多くは良い子を演じる「みせかけ期」を経て、「試し行動」を取るようになる。部屋中めちゃくちゃにしたり、万引きをする子もいる。一度捨てられた子は大人に不信感があり、ひどい行動を取っても認めてくれるか確かめるのだ。

小野住職夫妻もうまく行ったケースばかりではない。親から虐待を受けた小学四年生の女の子を預かったときは何とか心を解きほぐそうと努めたが、最後まで不信に満ちた目を向けられたままだった。

中学二年の女の子は何でも「はい」と答える〝いい子〟。だが、学校の先生には「くたくただ」とこぼしていると聞いた。

里親同士で情報交換をしたり研修会に参加し、試行を重ねた。富美子さんはストレスで十二指腸潰瘍にもなった。それでも「里子はそれ以上の喜びをくれます。夫婦の会話も増えました」と笑う。認知症になりかけていた母親も元気になった。

小学校入学に合わせてA子ちゃんは実親の元に帰ることになった。檀家や親戚が集まりお別れ会。《また遊びに来てね》と寄せ書きをし、ランドセルや洋服、自転車などの餞別を贈った。

「檀家さんや近所の人、出入りの仏具店など、みんなにかわいがられました。お寺は人の出入りが多いので、たくさんの目に見守られます。これから苦しい目にあったときも、その思い出が支えになってくれるのではないかと信じています」

小野住職は本山への出張で見送れなかったが、A子ちゃんは二人の孫に《パパママのところにもどらないといけません。ごめんね》と気遣う手紙を渡し、泣いてしまった富美子さんを「私は泣かない。また会えるから」となぐさめて去った。

「別れの時は必ず泣いてしまいます」と小野住職。里親は里子とは実親が許可しなければ会えない。児童相談所も実親と里親を会わせてくれない。こう指摘する。

「私たち里親にとっても里子は家族同然。元気か気になりますし、成長も知りたい。実親は子供を取られるのではと心配するようですが、そんな気持ちはまったくありません。大切な宝物を預からせてもらった感謝でいっぱいです。児童相談所は実親に里親はそこらへんのおじさん、おばさんではなく、研修を受けたプロなんだときちんと伝えてほしい。そして里親が実親をサポートし続けられるような血の通った体制を作ってほしいと思います」

繁栄するもしないも寺族しだいとは

小野住職はお寺で月一回、写経の会と数息観《すそくかん》の会もしている。

「ただ坐るだけ、書くだけなのに、結構人が来てくれます。お寺に求められるものは大きい。これからも人が来やすいお寺にしたい」と話す。様々な活動ができるのは「女房のおかげ」と富美子さんに感謝する。「寺が繁栄するもしないも寺族しだい。住職と寺族は車の両輪。宗門でもっと発言権があっていいのでは」

こころがけているのは「風通しのいいお寺」。たとえば檀家からお布施の額を相談されたら「院号をつけて百万円お布施をいただいたこともあれば、三十万円でつけたこともあります。決まりはありません」と実例を挙げて正直に説明する。

そして、そんな小野住職の積極的な姿勢と手腕が評価されてのこと。二〇一七年、宗門の高野山高校の校長に任命される。世界文化遺産の高野山（和歌山県高野町）の霊域にあり、豊かな自然と歴史の宝庫に囲まれた伝統校。だが近年は生徒数の減少に伴う経営難が宗門の悩みの種だった。経営改革の期待を込めて白羽の矢を立てられたのだ。

独自の視点、そして人との関係を大切にした人間教育は、ここでも健在だ。

「今年度、新たに開設したのが『吹奏楽コース』。高校では珍しい本格的に音楽の基礎と理論と学べるコースです。カリキュラムは大阪芸術大学の先生に組んでもらいました。将来は音楽大学に進みたいという若者も出てくるでしょうから、その道筋もつけたい。高校の寄宿舎を生かし、中国からの留学生を招いての本校ならではの国際交流も実現します。山梨での教員時代、一時、中国の四川大学で日本語を教えていたのですが、来日した当時の教え子も協力してくれるそうです」と嬉しそうに話す。

来年、二〇二一年三月の任期に向け、自坊から国内外へと小野住職の活躍はさらに広がりそうだ。

それにしても住職、寺族の労を厭わぬホスピタリティで普通のお寺も人が集まるようになると教えられた。七カ寺も集まればなおさらだ。地域にアピールする力は大きい。お寺にはまだまだ多くの可能性がある。

4
檀信徒の遺影のドキュメンタリー映画を撮った住職の創作意欲

奈良県生駒郡斑鳩町

融通念佛宗 浄念寺
横田文実 住職

横田 丈実（よこた じょうじつ）
1966(昭和41)年、奈良県生まれ。龍谷大学文学部仏教学科卒業。77年に融通念佛宗総本山大念佛寺にて得度し、2014年に浄念寺住職に就任。本山布教師。教学研究所研究員。龍谷大在学中に映画製作を始め、1992年の第２作『蝸牛庵の夜』が「ぴあフィルムフェスティバル」に入選。これまで15作品を発表。近作は『遺影、夏空に近く』。2002年からは「劇団いかるが」の脚本演出家に就任し、地元に根ざした題材をもとに演劇作品も発表している。

扉の写真／撮影中の横田丈実住職（左）。遺影の１枚はパステル画だ

「この遺影、写真じゃなくて、絵なんですね？」

山奥の村落で一軒の民家を訪れた作務衣姿の僧侶が、鴨居に飾られた遺影を見て不思議そうに家の主人に尋ねる。

扉の写真のように、四枚並ぶ遺影のうちの左端の一枚が、ほのぼのとした遺影らしからぬタッチのパステル画なのだ。いったいなぜ？

映画制作を続ける奈良県浄念寺の横田丈実住職

「昭和二年に亡くなった祖父には写真が残っていなかった。それで、面影を覚えている人の話をもとにして親戚に肖像画を描いてもらったんです」と主人は答える。そのようすは、笑みさえ浮かべて、いかにも絵の出来栄えに満足げに見える。
ならばと、僧侶は遺影を描い

た親戚の女性を訪問する。話を聞くと、

「『こんな人やった』と説明してもらいながら、だいたいのイメージで描いたんですけど、まさか本当にあの絵を黒ワクで飾りはるとは、えらいことやわ。一時間ちょっとで描いたんですよ。それやったら、もっと真剣に描いたらよかった」

そう、照れ笑いしながら、ちょっとうれしそう……。

二〇一七年に完成した映画『遺影、夏空に近く』のワンシーンだ。タイトルのとおり、七家族の遺影にまつわるエピソードを収めた、ひと夏のドキュメンタリー映画となっている。

遺影が題材と聞けばさぞや重苦しい映画を想像するだろうけれど、全体のトーンは明るく、このシーンのように微笑ましい物語が少なくないのだ。

上映時間は五十三分。自主映画なので、劇場での公開ではなくて、団体や施設などの要望を受けてその都度、上映会を開く。

製作・監督は映画にも登場し、各家庭から遺影についての逸話・思い出話を引き出す僧侶その人。奈良県生駒郡斑鳩町にある融通念佛宗浄念寺の横《よこ》田《た》丈実《じょうじつ》住職（五十四歳）なのだ。なんと横田住職は、この映画が十五作目の監督作品というから、映像作家としてのキャリアも本格的である。

おそらく遺影をテーマにした映画など、かつてなかったものだろう。いかにも住職監督だからこその発想とも思えるが、どんな思いが込められているのか。作品の舞台でもある「いかるがの里」に取材した。

遺影にまつわるエピソードをなごやかに聞き出す

出演者はみんな檀家さんのわけ

「とうとう自分も映画に出るようになっちゃって」

いま紹介した映画『遺影、夏空に近く』について聞くと、横田住職は開口一番、苦笑しながらこうつぶやいた。

ＪＲ法隆寺駅から北へ歩くと十五分ほどで国宝の法隆寺夢殿へ、そこからさらに五分ばかり進むと町はずれの高台に浄念寺が見えてくる。境内からは、田園風景と古くからの家並みが見渡せる。浄念寺の檀家は二百五十軒。

横田住職は作中、自ら話の聞き手として出演したことが気恥ずかしそうだが、実は映画に登場する遺影、そしてそれを大切に飾る七つの家族は、みんな日頃から親しい同寺の檀家ばかりだという。だったら、横田住職ほどインタビュアーとして適任者はいない。お寺と檀家との日頃のつながりがあるからこそ、誰もが笑顔で出演して遺影や故人についてホンネで語り合えるのだ。

映画『遺影、夏空に近く』に登場する遺影は出演する女性の義兄という。その戦死した様子を語る

映画の最初に登場するのは、少年時代の横田住職もパンクの修理で世話になった〝こわもて〟の自転車屋さんだ。

二番目は、戦死した義兄の遺影を故人の年譜などと一緒に立派な額装にした檀家。

三軒目の家族は、戦争から無事に帰還して農業で家族を支え続けた父の遺影を、〝表彰状〟に見立てる。

四軒目は、なぜか生前とは違う角刈り頭で写真に収まる夫の遺影を飾る女性。

続いてが、冒頭のパステル画の遺影。

六軒目では、「遺影の並び順が違ってるよ」と、横田住職も遺影の掛け替えをお手伝いするシーンだ。

映画監督の横田住職自らも遺影を飾るお手伝い

そして最後は、息子を亡くした母親の思いに横田住職が静かに耳を傾ける。
撮影は二〇一五年の夏、四カ月かけて行った。それから編集作業に取り組み、二年かけてようやく完成にこぎつけたのだ。
気になるのは、なぜ遺影を題材にしたのかということではないか。
「檀家さんのお宅にお参りに行くと、よく遺影の話を聞くことがありますが、誰が、いつ、どうやって遺影写真を選ぶのか、檀家さんによってそれぞれ思い入れがあるんです。それをつないで一つの映画にできないかと考えたわけです」

なるほど、作中で語られる遺影にまつわるエピソードは七者七様で、思わず引き込まれる話ばかり。さぞかし多くの檀家から話を聞き出して、その中から選りすぐったのかと思いきや、そういうわけではないという。

「撮影しておいて、できあがった映画では使われてなかったじゃあ、檀家さんに失礼になりますからね」

そこで、月参りの際に断片的に耳にする檀家の話から取材先を絞り込んだ。

「檀家さんとの会話は、お茶を飲みながらの気軽なものですが、実は深い思いがあったりするんです。パステル画の遺影なんかはまったくの想像図で、何の根拠もない肖像ですけど、もちろん、ふざけて描いているわけじゃない。たとえ写真が残っていなくても、どうにかして遺影を飾って供養したいという気持ちが、あの絵には込められているんです」

そんな信仰心が直截的でなく、観る者にじわりじわりと伝わるような映画になっているのだから、さすがに住職監督ならではである。

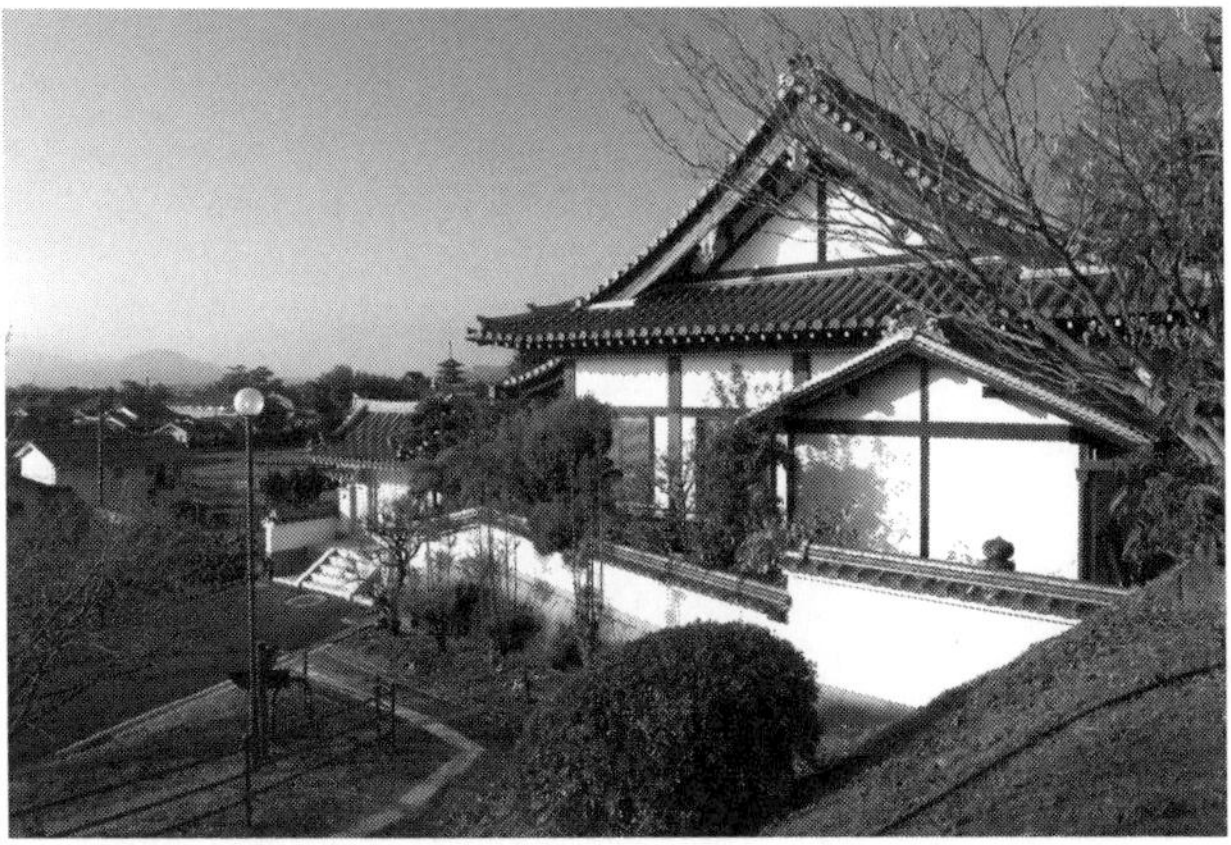
奈良・斑鳩の里にある町並みを見渡せる高台に建つ浄念寺

労力も時間もお金もいるけれど

さて、上映会の開催は二〇二〇年五月時点で五十回を超えた。上映を重ねながら横田住職は十分な手ごたえを得たという。

「大切な人を亡くした一人暮らしのご高齢の方が、いっぱい来てはりました。何の娯楽性もない作品ですけど、それぞれ興味を持ってもらえたんでしょうね」

観客からは、こんな声が寄せられた。

「『見る前には、宗教的でもっと押しつけがましい映画なんかなと思っていた』という方がいました。でも、遺影を飾って手を合わせろとか、そういったことが伝えたいテーマではないですから、抹香臭い内容の映画ではないんです。みんな、遺影を軸にした家族の物語なんですよ」

この映画では、企画からスタッフの手配まで、プロデュース的な仕事も全て横田住職が自ら担い、資金も自腹を切った。

「といっても、役者さんが出るわけじゃないですし、凝った照明も必要ないから、いくらもお金は掛かってないですけどね」と笑う。

そうはいっても、具体的な製作費は教えてもらえなかったが、カメラマンや音楽制作など外部スタッフへの報酬や宣伝費も必要なはずだろう。

聞くと、製作費の回収は映像ソフトを貸し出すことによる上映料収入で賄うことになっている。上映料は一回二万円程度が目安で、詳しくは「ご相談ください」との話だった。

また、関西圏なら、要望があれば映像の貸し出しだけでなく、映写機など機材持参で横田住職自らが上映に出向くことも可能だという。

それにしても、一つの映画が上映されるまでには労力も時間もお金もかかる。並大抵でないエネルギーだって必要だ。そこまでして、なぜお寺の住職が映画を撮ることになったのだろうか。

映画の道か僧侶の道かで迷ったけれども…

一九六六年、浄念寺に生まれた横田住職には、こんな記憶が刻まれている。

「小さい頃、いまは亡くなった祖父と奈良市内の映画館に月に一回、映画を見に行く約束をしてました。祖父としては、孫と交流する日を作ろうというつもりだったんでしょう。それが何年も続きましたから、ぼくも自然に映画が好きになったんだと思います」

先々代住職でもある祖父に手を引かれ、月に一度の映画鑑賞に胸を躍らせた思い出が、いまにつながる下地となっていた。

しかし、高校生の頃は同じ芸術の道でも映像ではなく、油彩画に傾倒していたという。お寺に生まれて将来はやっぱり、浄念寺を継ぐことを意識しつつも、

「本当は武蔵野美術大学に進みたかった。受験したけど、残念ながら落ちました」

やむなく、というべきか、やっぱりか、龍谷大学に進んだ。とはいうものの、何かに導かれるように入ったのが、自主映画を制作する「映画研究部」だった。

「結局、子供の頃の祖父との記憶が知らず知らずそうさせたんでしょうね。本当は仏教を一生懸命勉強せにゃあかん時期だったんですけど全然せずに、映画づくりにドップリはまってしまった」

芸術への志向に加えて、幼き日の記憶が結び付けば、映画の道に踏み込むのも必然だったかもしれない。

監督・脚本の第一作は一九八八年、二十歳の時に制作した『その夏の、どん』(八ミリ、三十分)だった。おじいさんに、飛来する鳥を追い払うことを命じられ田んぼの真ん中に立つ少年を、幻想的に描いた。

大学卒業後は浄念寺に戻り、ほどなく副住職に就任したが、映画制作は続けた。

一九九二年の二作目は『蝸牛庵《かぎゅうあん》の夜』(八ミリ、五十三分)だ。奈良のお寺の息子を主人公にした作品で、何気ない日常に宿る豊かな時間を季節の風物を盛り込みながら描いた。

この作品は、自主映画のためのコンペティション「ぴあフィルムフェスティバル（PFF）」に見事に入選した。PFF入選者からは、中島哲也、園子温《そのしおん》といった、現在活躍中の映画監督が多数輩出されて、若手クリエーターにとっての登竜門ともいえる。

まさに映像作家としての実力が認められたことで、一時は「本格的に映画の道に進みたい」と考えたこともある。だが、そんな迷いを捨てて、僧侶の道をまい進したのだ。

「高校の頃からお檀家さんのうちに月参りに行ったりしてましたし、顔なじみのお檀家さんを思うと、寺に生まれた身としてそれが当然と、だんだん思えてきたんですよ」

話をお聞きすればするほど、言外にも心のやさしさが伝わってくる。

以来、副住職として父・兼章住職のもとで法務に携わりながら、それでも、映画は何本も作り続けた。

そうした中、かねてから代替わりの時期を見計らっていた兼章住職が二〇一四年に住職を引退して、息子に譲ったのである。

「見合いをした次の日が晋山式でした」

と横田住職は、はにかむ。

この年、妻の敬子さん（四十八歳）と、互いの知人を介して出会っている。結婚は翌二〇一五年春のこと。それから間もない同年の夏に、件の『遺影、夏空に近く』の撮影が始まったことになる。したがって、横田住職にとってこの映画は、住職となって第一作目であり、さらにまた新たな家族ができて最初の作品というわけだった。

この映画には、敬子さんも録音スタッフとして制作に参加した。撮影現場を、敬子さんは笑顔でこう振り返る。

「お檀家さんのお宅にうかがうのも初めてのような感じでしたから、みなさんが心を開いてお話してくださるのを見ると、日頃のお参りで深めてきたこれまでの住職との関係の親しさが感じられて、ますます『お寺っていいな』と、とても実感できたのです」

奈良市の徳融寺で開催された上映会には大勢の観客がつめかけた

グリーフケアとして病院でも上映されて

横田住職は融通念佛宗の布教師会の会員でもある。宗派や宗門寺院の各種行事に出向いて法話を行う機会も多い。それだけに、映画制作にあたっても布教という部分をいつも念頭に置いている。だが、前述の『遺影、夏空に近く』の観客から寄せられた感想にあったとおり、必ずしも仏教を全面的に押し出した作品づくりはしていない。

「宗教的な部分が前に出ると抵抗を感じる人もいるでしょうから、そのあたりは意識してバランスをとっています。自然な形で、生老病死や家族のつながりの大切さが伝わればいいんじゃないですか」

たとえば、二〇一三年制作の十四作目『加奈子のこと』（デジタル、三十三分）は、役者を使ったドラマ仕立ての作品で、妻を亡くした七十七歳の男性の一人暮らしの日々をしみじみと綴っている。

企画したきっかけはなんだったのか。

「実際に、モデルになった檀家さんがいるんです。月参りでうかがっていろいろ話をしていたら、急に、ご主人の目がうるんで、奥さんに先立たれた喪失感が胸をよぎったんでしょう、思わず、ワーッと泣き出されたのです。その様子をじかに見て、そうだ、一人暮らしのおじいさんを物語の主人公にしようと思ったんです」

やはり、監督イコール僧侶だからこその映画だ。といっても、完成した映画では「独居老人」を社会問題としてとらえているわけではなく、亡き人と見送る人をめぐる豊かな世界を描き、残された人の再生と希望とが映像からにじみ出る。

仏教の教理を説くシーンがあるわけではないが、横田住職の僧侶としての、悲嘆にくれる人へ寄り添いたいという姿勢も垣間見えるから、映画作りもさすがというべきであろう。

事実、各地のミニシアター、寺院、公民館、図書館、東日本大震災の被災地で上映され、特に高齢者の観客の共感を呼んだ。

加えて特筆すべきは、兵庫県の三田市民病院で職員向けに上映会が開催されたことである。医師・看護師がグリーフケアについて考える場として、病院が上映を要望したのだ。作品に込めた「残された人の喪失感を希望に変える」という横田住職の願いが伝わったことにほかならない。

カメラの中で気付かされた残さなければいけないもの

横田住職がこれまでに手がけた全十五作品は次の通りである。
『その夏の、どん』（一九八八年、三十分）
『蝸牛庵の夜』（一九九二年、五十三分）
『極楽寺、燃えた』（一九九四年、三十分）
『大阪鯨伝説』（一九九六年、二十五分）

『赤木カルタさんの夢』（一九九七年、五十五分）
『100』（一九九七年、三分）
『FISHBOX 魚箱』（一九九九年、六十五分）
『なみだざん』（二〇〇二年、五十三分）
『火のように』（二〇〇三年、九十分）
『天使のゆげ』（二〇〇六年、四十分）
『あかりの里』（二〇〇六年、百十分）
『月光』（二〇〇七年、十八分）
『大和川慕情』（二〇〇九年、七十二分）
『加奈子のこと』（二〇一三年、三十三分）
『遺影、夏空に近く』（二〇一七年、五十三分）

ドキュメンタリーやドラマとジャンルは様々だが、一貫して奈良を舞台に撮影し続けてきた。いずれの作品にも地元の風物がちりばめられている。

『遺影、夏空に近く』でも、山間の集落墓地に老若男女が集まってお墓参りする光景や、公民館に大勢の子供たちが集まる地蔵盆のようす、昔ながらの商店街の風景が印象的に収められている。

そんなこだわりがあるだけに、横田住職は、ここに来て急に見え始めた町の変化が寂しいと話す。

「映画にも出ている自転車屋さんですが、今は住む人もなく、お位牌はうちのお寺でお預かりしました。商店街もシャッターの閉まっているお店が目立ちます。ここにも過疎化の波が押し寄せています」

大阪から電車でわずか四十分ほどの斑鳩町はベッドタウン化が進むから人口は着々と増えているように思える。それに、世界遺産の町として全国的に知られた日本のふるさとのようなところではあるけれど、古くからの町並みが急激に姿を変えつつあるのだ。

「私なんかは鴨居に遺影を飾るのは当たり前と思って、映画でもそのように描いてるんですけど、『いや、そんなん見たことないで』って言うオトナもいるので驚きました。映画を撮っていると、いろんな変化に気付かされます」

それだけにといってもいいものか、世相が変わりゆく中、横田住職の作品に織り込まれた人々の信仰や伝統行事の光景は、日本の大事な、貴重な記録となっていくのかもしれない。

そうしたこともあってか、次回作もドキュメンタリータッチの作品という。

「二十年程前にお寺の横にテントをはって映画を上映したことがあったんです。その時に見に来てくれた村の人たちが〝今どうしてるか〟っていうことを、当時の光景と重ね合わせた作品です。ずいぶん前のことですから、亡くなった方もけっこういるんですけどね」

タイトルは『暦のひと』で、すでに撮影は完了し、二〇二一年の完成を目標に編集作業に勤しんでいる真っ最中だ。さらになんと、二〇二一年にはもう一作、発表を予定している。

「斑鳩三塔（法隆寺五重塔・法輪寺三重塔・法起寺三重塔）の周りに広がる風景を移りゆく季節の中に綴った短編『三塔周景　斑鳩の四季』です」

こちらは、あとは音楽を付ければ完成する段階までこぎ着けているそうだ。

檀務や布教活動と並行して旺盛に映像作品を作り続ける横田住職だが、実はもう一つの顔を持っている。二〇〇二年から、地元で「劇団いかるが」の脚本演出家としても活動しているのだ。

毎年、法隆寺や正岡子規といった地元に根ざした題材をもとに演劇作品を発表しているのだが、二〇二〇年の秋には、聖徳太子の「十七条憲法」を題材とした作品『人情芝居　十七条憲法』を公演の予定という。日本仏教の礎を築いた聖徳太子がテーマとは、やっぱり横田住職ならではだ。

住職として、映画監督として、あるいは舞台演出家として、数々の作品を通して柔らかく仏教を伝え続ける。

「僧侶にしか作れない映画を撮りたい」という横田住職の創作意欲は、尽きることがなさそうだ。そうして撮りつづけられるフィルムの数々は、これからの人々に仏教が生きてあることの大切さを伝える可視化された証言ともなるだろう。

〈文／本誌・和田博文〉

5

性同一性障害の苦難を乗り越え
夢のとおり女性住職になれた日

大阪府守口市大枝西町

真言宗（単立）性善寺
柴谷宗叔 住職

柴谷 宗叔（しばたに そうしゅく）

1954（昭和29）年、大阪府生まれ。早稲田大学文学部卒業。高野山大学大学院博士課程修了。博士（密教学）。元読売新聞記者。2005年、高野山真言宗で得度。06年四度加行。19年大阪府守口市の単立浄峰寺住職に就任。高野山大学密教文化研究所研究員、巡礼遍路研究会会長、四国八十八ヶ所霊場会公認大先達、西国三十三所札所会公認特任大先達等。著書『江戸初期の四国遍路　澄禅「四国辺路日記」の道再現』『四国遍路　こころの旅路』他。

扉の写真／四国遍路の先達を担う柴谷宗叔住職（前列中央）

本書で紹介している十人の住職のなかに、もっともそのキャリアが短いのが、つまり誕生してまだ間もないのが、ここに登場する柴谷宗叔《しばたにそうしゅく》さんである。

――和歌山県の標高約九百メートルの宗教都市、高野山。開創千二百年を迎えた聖地の案内人に、明るい笑顔の気さくな女性僧侶が加わったのは二〇一〇年のこと。柴谷宗叔さん、その人だった。公式の高野山金剛峯寺《こんごうぶじ》境内案内人として。当時は本山布教師心得の身分でもあった。

苦難の道を道心によって乗り越えた柴谷宗叔住職

そのころの様子を柴谷さんはこんなふうに話し始めた。

「一年の三分の一は高野山。観光協会を通じて境内案内をしています。その他の三分の一は、四国八十八ヶ所霊場会公認大先達としてお四国で札所巡りです。お四国が大好きでね。月一周ペースで回っていて、昨年末に八十八周を数えました」

四国はライフワークの研究対象でもある。高野山大学密教文化研究所の研究員でもある柴谷さんは、これまで四国遍路についての研究を重ねてきた。二〇一四年四月には、足かけ十年の研究成果をまとめて、『江戸初期の四国遍路』を京都の法藏館から出版したほどである。現存する最古の四国遍路史料といわれる江戸時代初期の澄禅著『四国辺路日記』の正確なルートを自ら実地に調査解明し、内外の研究者からも注目を集めた。

最初にあえて記せば柴谷さんの存在そのものが、これからの仏教界に新たな一歩となることは間違いない。柴谷さんは元新聞記者である。それが縁あって高野山真言宗で得度出家したのは二〇〇五年、五十一歳の時だ。得度の際、戸籍上は男性だった。だが五年後、男性から女性への性別適合手術を受け、性別を変更したのだ。宗派もこれを全面的に認め、僧籍も男性僧侶から女性僧侶へと改性できた。高野山真言宗ではむろん、伝統仏教界でもおそらく初めてのことだったのではないか。

高野山の供花として知られる「こうやまき」について説明する柴谷住職

坊主頭も体育の時間もまさに地獄だった

性同一性障害。半世紀以上、外観も内面もすべて、柴谷さんを苦しませてきたものだ。心と体の性が一致しないことで、体が男性であっても本人は女性（あるいはその逆もある）だという思いの大きなギャップに心悩むことである。

日本でこの障害が人々に認知されるようになったのは最近だ。国内で性別適合手術が実施され始めたのが一九九八年。社会的にも自身の思う性適合を認める法整備が行われたのは二〇〇三年である。同年七月成立したのが、「性同一性障害者の性別の取扱いの特例に関する法律」だ。性別適合手術などいくつかの要件を満たせば、戸籍上も性別の変更が認められることになった。

法施行後に性別変更（更正）が認められたのは七千人以上にのぼる。だが現在、この障害をもつ人は国内に約四万六千人いるとも推計されている。

柴谷さんは一九五四年、大阪の在家に生まれた。三人兄弟の長男だったが、子供心にも自身の性別には違和感があった。

「物心ついた頃からでした。小学生の時に一度、母親の服を着て外を歩いたら、近所の人に通報され、ものすごく怒られたことを覚えています。でも自分では不思議でね、なんでスカートをはいたらあかんの？　と思っていました」

中学校に入ると、男女で制服が違い、男は坊主頭と決められていた。体育の時間も男女種目が違う。人が「当たり前」だと強いることが、柴谷さんにはまるで「当たり前」ではなかった。まして十代のデリケートな時期。疑問はどんどん苦しみに変わる。

「自分は男の中に無理やり入れられていると感じていた。まさに地獄でした」

だが、そのホンネは当時、誰にも打ち明けられるものではなかった。親や友人にさえも黙っていた。

「早く親元を離れたい」

高校卒業後、早稲田大学文学部に進学し、大阪を離れて上京した。

新聞記者から巡礼オタクになったわけ

大都会の学生生活は、押し隠してきた自分をいっとき解放できる時代だったという。同じように悩んでいる人がいることも分かり、少し安らいだ。

大学を卒業すると、また大阪に戻った。就職したのが読売新聞大阪本社だったからだ。経済部の記者としてトップ記事を手がけた。記者生活は性《しょう》にあっていたそうだ。

「毎日毎日、違うことが起きるので面白い。当時はそれこそ二十四時間、三百六十五日、仕事人間みたいなものでした。ただ性同一性障害を抱えた身にとって、スーツ姿でネクタイを締めて仕事するということが非常に苦痛

本山布教師心得として総本山金剛峯寺での法話

だった。でも新聞社は男社会。バレたら絶対にクビになると思って職場でも隠し通していました」

支局を転々としたのち、経済部から大阪本社の編成部へとキャリアを積んだ。本社では内勤だったことで、服装は自由。ようやくスーツを脱いで、神戸市内に一軒家も構えた。でもやっぱり周囲は、いや社会全体も男社会。自分を解放できる居場所はまだ見つからなかった。

そんな日常に変化が訪れたのは、一九九一年。三十七歳の時だ。当時、柴谷さんは労働組合の執行委員だった。それで組合幹部の慰安旅行で行った先が和歌山の那智、西国三十三観音霊場の第一番札所、青岸渡寺《せいがんとじ》である。

「その時、初めて納経帳というものを見たんです。お寺の方からご説明を受け、ガイドブックを見せていただいて分かったのが、西国三十三所のことでした。それも、地図を見て、この青岸渡寺さんが自宅からでも一番遠い場所だということ。青岸渡寺さんさえクリアすれば、あとは日帰りで行けるなと、ふと思ったんですよ」

人生、何がきっかけになるか分からない。「全くのスタンプラリー感覚で納経帳を買い求めた」という柴谷さん。幸い編成部の職場は夜勤中心。四勤一休で、休み明けの泊まり勤務は夕方五時からだったから、丸二日使えた。車や電車を使い、あっという間に三十二カ寺も回ってしまった。

「次、どこか回る霊場はないかな」と探すなか、出会ったのが四国遍路だったのだ。まとまった連休があれば、車で出かけた。足かけ二年かけて、八十八カ所を満願できた。じゃあ次は、近畿三十六不動、西国四十九薬師……。ちょうどその頃、霊場ブームで次々に新たな霊場も生まれた時期でもある。

「ぴたっとはまってしまった。どんどん巡礼オタクになりました」（柴谷さん）

以前から京都や奈良のお寺に、休みの日に行って、ぼんやりすることもあったが、青岸渡寺で納経帳を手にしてから、ひまさえあれば、納経帳を持ってお寺参りへとくり出していた。そう、自然に体が動いていた。いつしか納経帳は何冊にも増え、お寺のことも学んで、聞かれるままに、人を案内するようにもなったという。

だが、巡礼を始めて四年余が過ぎた一九九五年一月十七日、阪神淡路大震災が襲った。

「お大師様が助けてくださったんや！」

震災の当日、たまたま大阪の実家に戻っていた柴谷さん。そのまま、神戸市東灘区の自宅に戻ることなく連日連夜、新聞社に泊まり込み、仕事に追われた。自宅に戻ったのは震災発生一週間後だった。

テレビで自宅近くの高速道路が倒れているのを見ていたから、木造の自宅なんてひとたまりもないだろうと予測がついていた。だが、惨状は予想をはるかに上回った。残っている家は一軒もなく、町内だけで五十人以上が亡くなっていた。

柴谷さんの姿を見て町内の人が「あんた、なんぼ探してもおらんから行方不明人になってたよ」と泣いた。すぐに区役所に走って、行方不明を取り消した。それから新聞社にとんぼ返り。てんてこ舞いの日が続き、瓦礫の片付けに着手できたのはそれから三カ月後のことだったという。その瓦礫の撤去をしている時だ。潰れた自分の家の下から出てきたのが、ぼろぼろになった納経帳だった。瞬間、強い衝撃に打たれた。「お大師様が助けてくださったんや！」と。

柴谷さんは振り返る。

「なんでその時、そう思ったのか。自分でも分からない。信心から巡礼していたわけではなかったのに。でも、ズタズタになった納経帳を見たとたん、電撃が走るように、私のなかにお大師様が出てきたんです」

自宅の再建がひと段落した三年後、助けられたお礼参りをしたいと四国遍路に再び向かった。手に携えたのは、震災でボロボロになったあの時の納経帳。京都の表具店で表装し直してもらったものだ。思いが、おのずとにじみ出ていたのか。ある日のことだ。札所寺院の住職が初めてこう声をかけてくれた。

「四回まわったら、霊場会公認の先達になれるよ」と。

心が動かされた。それは柴谷さんと、四国遍路の新たな縁を生むきっかけにもなった。その頃、ＮＨＫの四国遍路の番組や健康ブームが引き金となり、歩き遍路が増えてきた時代だ。柴谷さんもそれまで車で回っていたのを、四回目の途中から歩いて回ることにした。

やがて、歩いたからこそ見える四国遍路独特の魅力に改めて気づいた。

「西国三十三観音も、もちろん人気の霊場ですが、観光地という印象もあるせいか、回っている人はどこか以前の私のようにスタンプラリー感覚でした。お経もあげず、輪袈裟もつけない人が多い。ところが、四国のお遍路さんはまったく違う。白装束に身を固め、札所ごとにしっかりとお経をあげる。そうした歩き遍路の人々を迎える遍路宿もちゃんと機能している。何か違うなと思うようになったんです」

遍路宿で他のお遍路さんと一緒になる。いきおい、どこから来たのかと聞いたり、聞かれたりする。親しくなるうちに、なぜお参りに来たのかと話す。一人ひとりが、それぞれの思い、悩み、苦しみを抱えて歩いていた。そして誰もが一カ所にとどまらず、遍路道をひたすらに進んでいた。

「宿で一緒になっても、また翌朝は次の札所へと歩いていく。過去を振り返らず、とどまるところがない。それは、とても心地のいいものでした。なによりお遍路には男も女もなかった。当時の私の髪型はおかっぱに近いくらいでしたが、〝お姉ちゃん学生?〟なんてお年寄りのお遍路さんに声をかけられることもあった。あの白装束に区別はなかった。誰もが『お遍路』というひとくくりやったのです」

回っても、回っても、「またおいで」と四国札所が呼んでいる気がした。遍路仲間もできた。こうして一九九九年、四国八十八ヶ所霊場会公認先達として認められた。四国遍路にますます惹かれていった。

住所地も高野山に移して決断した

研究者の道を拓いてくれたのも、お遍路仲間だった。

ある日、「高野山大学の大学院に社会人の大学院コースができるらしい。一緒に受けてみない？」と誘われた。なかば手を引っ張られるようにして大学院の入学試験を受けた。見事合格。二〇〇三年、四十九歳の時である。幸いに上司の理解もあり、往復六時間かけて始発終電で毎週一回、高野山まで通学できた。とはいえ、全く馴染みのなかった密教学の授業は、ついていくだけで大変だった。

「それまで真言宗も弘法大師の教えだって何も知らず、基礎も何もない。それがいきなり難解な大学院の授業です。だいいち言葉がまず分からない。周囲の院生はだいたいお寺の子で、教えてほしいというと〝そんなことも分からんのか〟といわれましたよ」と笑う。でも、徐々に授業が楽しくてたまらなくなった。これまでお遍路は何回も回ったけれど、体系的に学ぶのは初めて。

「分かってくるとじつに面白い。見るもの、聞くものみんな面白い。勉強するのが楽しくて楽しくて、週一回、大学に登って行くのが、ワクワク、ドキドキしたものでした。こんなに勉強って楽しかったんだなと、自分でもおかしいくらいでした」

秋には高野山内に下宿を借りた。ところが二年目に入った時、新聞社の上司が異動した。後任の上司は、柴谷さんの通学生活をよく思わなかった。大学か？　このまま仕事を続けて安定した生活か？　これがきっかけで悩んだ末に五十一歳で早期退職。

退職後、本格的に腰を据えて学ぶために出家得度した。「僧侶の資格が取れないと受けられない授業があったからでもあります」（柴谷さん）というが、より深く仏門に身を投じたいという思いもあったに違いない。

快く師僧になり、加行をさせてくれたのが、高野山内にある準別格本山の無量光院の住職で元宗務総長の土生川《はぶかわ》正道師だった。それも縁だった。

「大学院に入る前、たまたま泊まった宿坊が無量光院やったのです。頼み込んで師僧になっていただきました。当時、院内加行ができるのは山内で三カ寺しかなく、その一つが無量光院でもありました。本当にありがたかった」

過酷な加行で体重は十四キロも減った。だが、無事満行。僧階も得て大僧都となった。こうした修行と研究生活の一方で、各地の霊場の先達の資格を取り、旅行会社の企画巡礼ツアーのみならず、自らも企画する旅の先達をつとめるようになった。経験を生かし、お遍路の講師にもなった。大学院も博士課程に進んだ。新聞社の退職金で山内に家を買い、住所地も移した。そして、決断したのが、長年の性別への悩みに対しての自分なりの結論だった。事実、性別適合手術を受け、心身ともに女性として生きようと決めたのだ。五十六歳だった。

レインボーフェスタ和歌山で話す柴谷住職

偽りの自分から僧として本当の自分に

柴谷さんは振り返る。

「手術に対して周囲からは色々いわれました。母親には〝親不孝者〟といわれ、師僧には〝もったいない〟といわれました。高野山はまだまだ男社会だから、尼僧になったら出世の道が途絶えてしまうと。また〝なんで今の歳になって？〟と不思議がられました。親しい人からも、いまさら高いお金を払ってする必要があるのかとも正直、いわれました。でも、私は今だからこそだと思った。会社も辞めて、僧侶になり、ようやく偽りの自分でいる必要がなくなった。それに体を変えないと、戸籍も変えられない。戸籍が変わらないと、私は男性として最期まで扱われ、死んでいく。それは絶対にいやだったんです」

カウンセリングを重ね、岡山大学病院で性別適合手術を受けた。ようやく戸籍の性別を変えることができ、宗門にも変更届けを出した。当時の宗務総長はかねてより懇意だった庄野光昭師。

「庄野さんは〝宗会にかけると、頭の固い連中がうるさくて通らなくなる。事務手続きだけで済ませましょう〟といってくださった。本当に事務手続きで済みました。私は庄野さんに足を向けて寝られません」とほほ笑む。

同じような悩みを抱える人に、大きな門が開かれたときでもある。

個人的にいちばん嬉しかったことはなんですかとたずねたところ、こんな答えが返ってきた。

「ホント、温泉にいけるようになったことですね。これまでせっかく温泉に行っても、ずっと部屋風呂でしたから。手術後、何十年ぶりかに、大衆浴場に入って、もう感激でしたね……」。聞いている方も、思わず顔がほころんでしまった。

柴谷さんへの注目も日増しに高まり、遍路小屋建設のプロジェクトや、今は廃れてしまった霊場復興などでも活躍するようになった。今年は開創千二百年で忙しくなりそうだ。これからの夢を聞くと、こう話された。

「夢は、性的マイノリティの人たちが相談に来られるようなお寺を開くこと。まだまだ社会には偏見が根強く、人にもいえず、昔の私のように苦しんでいる人が多い。そんな人たちがホッとできる場を作りたいのです。お大師様が少しずつ引っ張ってくれて今の道がある。お大師様に少しでも恩返しがしたい。何年かかるか分かりませんが、そのお寺を作るのは私にしかできないこと。実現させたい」

夢が見事にかなって女性住職の誕生にわく！

――以上の話をお聞きしたのは、二〇一五年の冬だった。なんとそれから、わずか三年で、柴谷さんの夢がかなったのである。現在、柴谷住職は大阪府守口市にある通称「性善《しょうぜん》寺」こと単立浄峰《じょうほう》寺の住職である。

きっかけは二〇一六年、新寺建立に向けて活動を始めたことだ。当時は大阪の実家の倉庫を改修し、総工費約六百万円かけて小さなお堂を建立しようと考えていた。設計図面も書いてもらい、二〇一七年には有縁の人たちに趣意書を送り、寄進を募る。翌二〇一八年初夏にはなんとか目標額近くを準備できたことから、いよいよ着工しようとした腹を決めた矢先、お遍路の先達仲間から思わぬ話が飛び込んできた。

新住職を迎えた通称性善寺の浄峰寺

「大阪の守口市に廃寺寸前の空き寺があるけど、

見てみない？」と。

　そのお寺が京阪本線守口市駅から徒歩七分の住宅街にある「浄峰寺」だった。同寺は一九八五年に日蓮宗の尼僧さんが開いた単立寺院。約五十坪の境内に二階建ての本堂兼庫裡が建つこじんまりしたお寺で、初代の尼僧さん亡き後、やはり尼僧のお弟子さんが住職となり、信者寺として支えられてきた。

　だがその二代目の住職が九十代の高齢となり、近年はお寺を出て施設で寝たきり状態になっていた。後継もなく、住職不在とあって信者も離散。責任役員を担っていた親族は困り果て、友人の不動産屋に廃寺を相談した。その不動産屋の同級生が先達仲間だったわけ。まさか都会のど真ん中に空き寺があるなんてと不思議に思いながら、ともかくお寺を訪ねた柴谷さん、こう振り返る。

「確かに荒れてはいたし、その年の春に起きた大阪北部地震で天窓も外れていたのですが、手を入れたら使える状態でした。何より、ご本尊の釈迦如来の前に立つと、ニコッと微笑まれた感じでね。お釈迦様が呼んでくださったんやなと」

　こうして、責任役員と話し合いの末、浄峰寺を引き継ぐことに決めたのである。

不思議な縁を感じることもあった。修理工事を終えてからお寺に入ろうと思っていたら、その最中に台風二十一号で高野山にあった自宅の屋根が吹っ飛んで半壊。結果、予定より早く、修理中のお寺に引っ越すことになったのだ。

「思えば、僧侶になったきっかけが阪神淡路大震災。住職としてお寺に入るきっかけが台風。災害のたびに『早よ、来んか』と仏縁をいただいてきたようで不思議です」

性善寺では月毎に護摩法要に励む柴谷住職

二〇一九年二月には晋山式が執り行われ、多くの人が新住職の誕生を喜んだ。お寺の名前は登記上の浄峰寺はそのままに、当面は通称名を自ら考案した「性善寺」とした。その由来は仏教の悉有仏性《しつうぶっしょう》。誰でも仏様になれる素質があるという意味。性的指向や性自認に悩み苦しむ人にも、ありのままの我が身を生きることこそが仏様の願いだと伝えたいという柴谷住職からのメッセージだった。

さて性善寺は檀家がないことから柴谷住職は今も変わ

らず、四国八十八ヶ所や西国三十三所の先達、高野山の駐在布教師としての法話、また大学の公開講座の講師など精力的に活動を続けている。最近は自治体や他宗派からLGBTについての講演依頼も増えてきたそうだ。

一方、お寺では毎月最終日曜日を縁日として午前中は護摩法要、午後は相談会と懇親会を開催。お参りの多くは遍路仲間というが、マイノリティのためのお寺が開かれたという噂を聞いて、性同一性障害や同性愛のカップルなど、様々な悩みを抱える人たちが少しずつ足を運び始めた。なかには柴谷住職と話すうちに僧侶を志し、高野山大学に入学した人もいるというから嬉しい。柴谷住職は力強く話す。

「今後はお寺で仏前結婚式を執り行ったり、また市外の霊園に永代供養墓も建てたので私のように子供のない人の供養も行っていきたいと思っています。お寺を誰もが集える場にしていくためにも、このお寺が存続していくことが大切です。それは以前には考えもしなかったことで、僧侶って住職になって一人前なんやなと思いました。住職として、性善寺をもっともっと発信していかなあかんなと思うんですよ」

性善寺のこれからが楽しみだ。

〔文／本誌・上野ちひろ〕

6

手書き月刊寺報4500部の大半を地域に自ら手配りする住職の布教魂

群馬県桐生市新里町

天台宗 安養寺

船戸義澄 住職

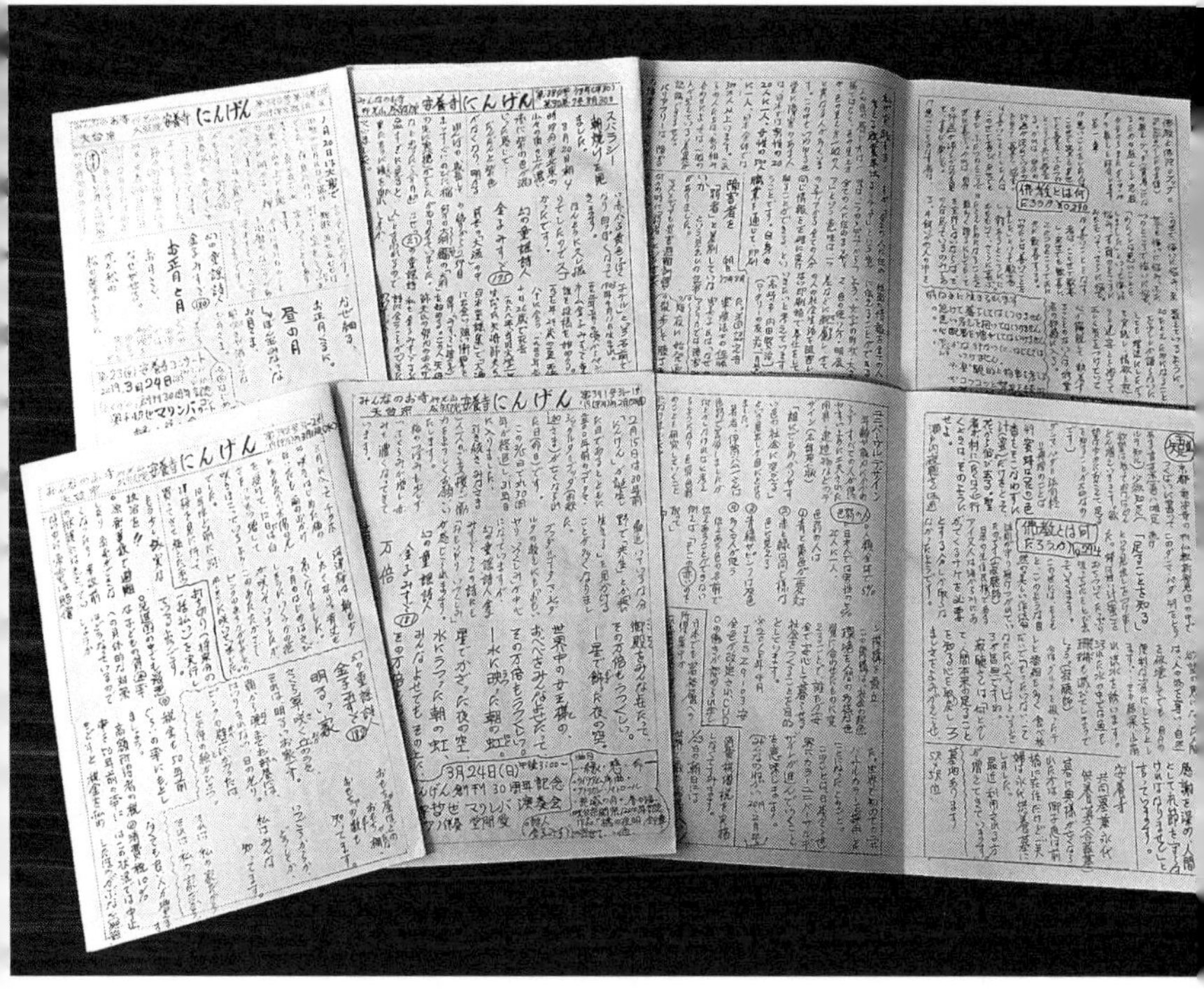

船戸 義澄（ふなと ぎちょう）
1943(昭和18)年、群馬県生まれ。大正大学卒業。群馬県内の公立高校で教諭を務める傍ら天台宗安養寺の檀務に携わり、97年に安養寺住職に就任。89年に150部で創刊した月刊寺報『にんげん』は、2019年に発行部数4500部、通巻400号に達している。また、葬儀や法事については参列者が分かりやすい方法を考案して実践。一方、境内のバリアフリー化や資源ゴミのリサイクルにも尽力している。

扉の写真／安養寺が毎月4500部も発行している寺報『にんげん』

まだ仄暗い早朝四時頃、小走りで家々を駆け巡り、一軒一軒の郵便受けに小脇に抱えた紙束から一枚一枚、投入していく人影がある。その様子はさながら新聞配達だが、配られたA3判にはこんなタイトルが読めるのだ。

《みんなのお寺　天台宗　行光山成就院安養寺　にんげん》

実は、新聞は新聞でもお寺の新聞である。群馬県桐生市新里町の天台宗安養寺が毎月発行する寺報『にんげん』だ。それに、そう、明け方から各戸に寺報を配達していた人こそ、同寺の舩戸《ふなと》義澄《ぎちょう》住職（七十六歳）なのである。

仏教の伝道に生きる舩戸義澄住職

驚くべきはその毎月の発行部数。なんと四千五百部。同寺の檀信徒は百五十軒ほどというから、檀家以外の読者が大部分を占め、しかもほとんどを、舩戸住職がこうして自ら一軒一軒、手配りしている。紛れもない事実だ。

布教のアイテムや檀信徒とのコミュニケ

ーションツールとして、多くのお寺が寺報を発行しているが、檀家数の三十倍、いや一寺院として月刊四千五百部とは、そうそうない。

船戸住職が月刊『にんげん』を創刊したのは一九八九年二月十五日のこと。以来、コツコツと発行を続けて、通巻で四百号を超え、いまや毎号、群馬県立図書館にまでも収蔵されているというから特筆できる。その原動力はいったい何なのか。

鋭い指摘も温かみある手書きだからこそ

まずは、寺報の中身を見よう。A3判を二つ折りにした『にんげん』の際立った特徴は、紙面のすべてが手書きであることだ。

二〇一九年三月十三日発行の第392号の第一面は、境内の河津桜が開花したという季節の話題から始まり、東電の原発事故賠償打ち切りや、子供の貧困、消費増税といった時事問題への船戸住職の考察のみならず、さらに金子みすゞの詩で構成されている。

第二面は連載「佛教とは何だろうか」で、ダンマパダについての解説。三面で「ゆるす『怒り』は心のムダづかい」と題して、ネガティブなことを人生から減らすにはどうすべきかを説く。

最終面は、後述する同寺が取り組む資源ゴミのリサイクルによる募金活動の報告と協力の呼び掛けとなっている。

二〇二〇年一月三日発行の第402号は、第一面が新年のあいさつと金子みすゞの詩、俳優・渥美清の俳句。第二面は連載「佛教とは何だろうか」で、三面は全国障害者問題研究会が発行する月刊誌『みんなのねがい』に掲載された金沢大学の河合隆平准教授による住民自治に関する論考の抜粋。最終面は、一面に続いて渥美清の俳句と、リサイクル募金の報告となっている。

寺報の発行のみならず日々の布教に大きな反響が…

紙面全体は舩戸住職がいつも考

えている社会問題が少なくないが、やはり温かみのある手書きが読む者を引きつけるのだろう。ポスティングのチラシを右から左に捨ててしまうような人でも、この寺報が郵便受けに入っていたら必ず目を通すはず。事実、こうして部数がどんどん増えていったのである。

なるほど、筆圧の強弱で船戸住職が強く伝えたいことがよく窺えるのも、手書きの面白味だ。たとえば、ダンマパダの《蜜蜂は（花の）色香をそこなわずに汁（蜜）のみをとって、花から飛び去る》を次のように説明している。

《花を傷つけたら、損するのは自分なのです。また、ミツバチは花の受粉も手伝います。それが、翌年また花を咲かせるという自然界の循環を生んでいます。得た分を相手に与えてはじめて、物事はうまく回るようにできています。**相手を傷つけず、相手に利益を与えつつ、相手の「いいところ」を学びとっていきたいものです。**だましたり、相手の人脈を自分のものにしたいなどという考えは絶対に考えてはいけないことです》

太字の箇所は執筆のときに力が入ったのだろう。明らかにほかの文よりも太く、あ

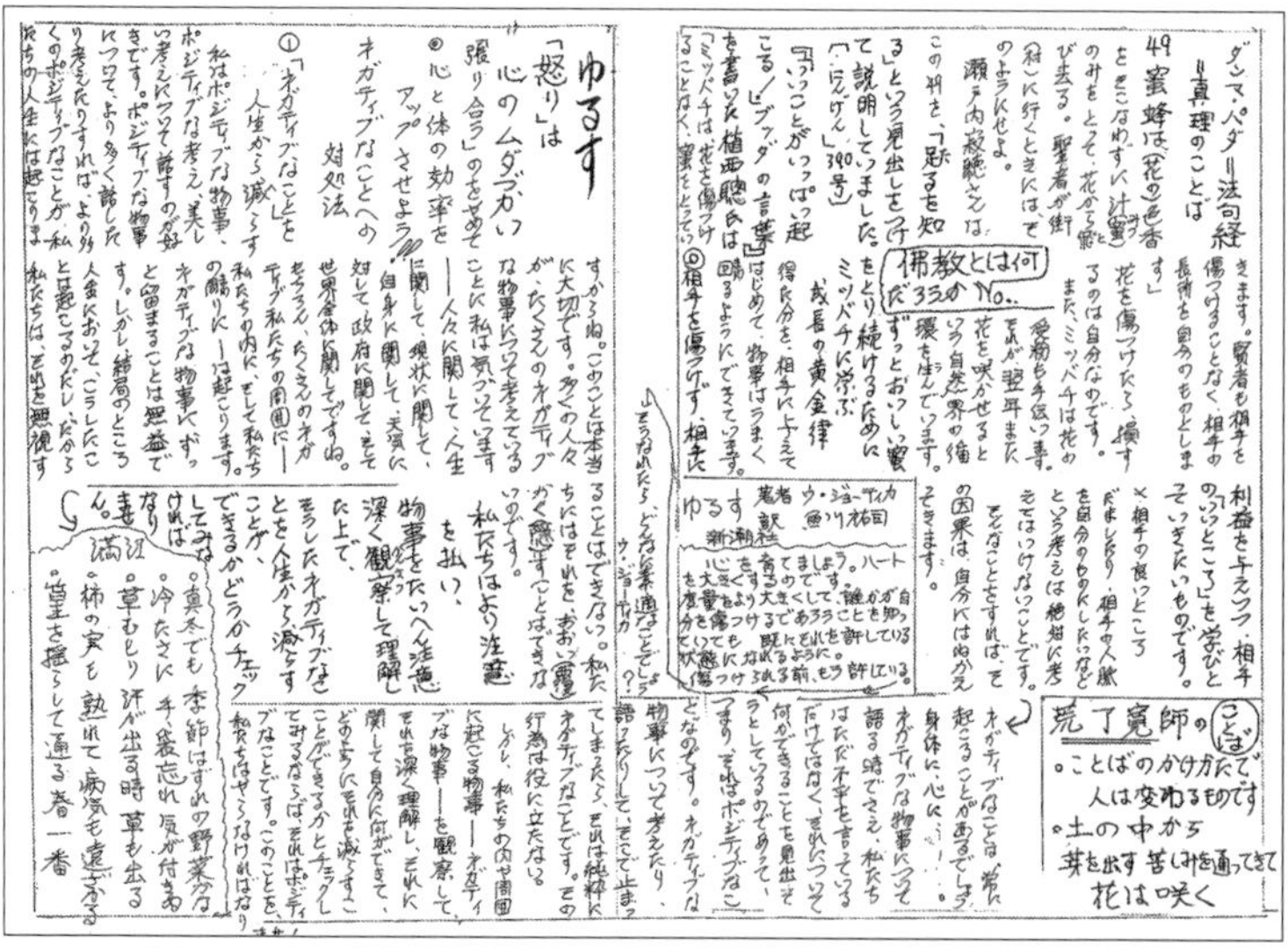

手書きの月刊寺報は筆勢からも船戸住職の思いが伝わってなんと4500部

たかも、抑揚のある話し方で語りかけられているように感じられる。

三千五百部もなぜ手配りなのか

安養寺は上毛電鉄上毛線の新川駅から歩いて五分ほど、二〇〇五年に桐生市に編入された旧新里村新川地区に位置する。周辺は桐生市のベッドタウンとして宅地開発が進んでいるものの、かつては一面に田畑が広がる農村だった。九〇一（延喜元）年創建の古刹だが、前述のように檀信徒は百五十軒ほどだ。

一九四三年に先代の二男一女の長男として安養寺に生まれた船戸青年は、二十歳で得度し、教師資格も得ていたが、大正大学卒業後は群馬県内の高校の教諭になった。一九六九年に結婚し、一男一女に恵まれ、教員としての仕事にやり甲斐を感じていたという。

「ですから三十五歳のときに、父にだけ『お寺を継ぐ気はない』と話したんです。言葉のとおり、その後、お寺のことには何もかかわらないまま十年が過ぎた頃、父が体調を崩しました。いざそうなると、お寺を継がないとは言いだせないものですよ。うちの家族も檀家さんも大騒ぎになりますから」

船戸住職はこう振り返る。

事実、一九八九年、教職を続けながらも、檀務にも携わるようになった。そしてこのことが『にんげん』を創刊するきっかけにもなったのである。

「お寺を継ぐ身として、何をするべきか。そう考えたとき思い浮かんだのが、教員のままでできる文書伝道だったんです」

さっそく寺報の発行をお寺の役員に相談したところ、すぐに総代会で諮られ、異議なく発行が決まった。

「ただ、その二、三年後に知ったんですけど、私が寺報の発行を持ちかけたとき、総代長さんは『そんなもの作っても、誰も読まないよ』って内心、思っていたそうです。でも、総代会では私見を挟まずに議題に載せてくれたんです」

一九八九年二月、創刊当初の部数は檀信徒の軒数に合わせて約百五十部だった。上司の了解を得て学校の印刷機を借りられたというから船戸師への信頼が察せられよう。現在よりもひと回り小さなB４判だった。

「創刊から二、三年は総代さんに配ってもらっていましたが、考え直して、自分で配布するようにしました。やがて檀家さんだけでなくお寺のご近所に、地区の全戸にと配っていくようになって、段々と配布地域が広がっていったんです」

一九九七年に五十四歳で住職に就任した。発行部数はさらに増えていき、ついにはお寺に印刷機を導入。現在は四千五百部に達したというわけである。三百部ほどは配布を手伝ってもらい、郵送でも三百部届ける。葬儀や法事の参列者にも手渡す。だが、三千五百部余りは前述のように船戸住職が各戸に自ら届けているのである。

「一日に百五十軒から二百軒を目標にして配っています。そうしないと配り切れないですからね」と、こともなげに言うのだ。

朝食前の二時間を寺報の配布に充てて、自転車で、あるいは自らの足で新川地区を回る。創価学会員など信仰の関係で配布を断る家を除いて配布先は地区のほぼ全戸で、新川地区以外にも二百七十軒に届けている。毎年一月号には元三大師のお札も一枚ずつ添えて配布する。

「先住のときには近所の五十軒ほどしかお札を配っていなかったんですけど、新川全部に広げちゃいました。檀家さんじゃない方からも『二枚ください』なんて言われるようになった」と船戸住職は顔をほころばす。

だからといって、執筆から印刷、配達まで、尋常でない労力が必要なことは想像に難くない。三十年以上にわたって発行を続けてこられた理由は何なのだろうか。

「読んでもらっても、もらえなくても、どちらでも構わない。ただ毎月毎月、この手で書いて、配らせてもらえるだけでも勉強になる。そう思って続けてきました」

見返りを求めず、檀家を増やすためというより、文書伝道は自らが学ぶためだと、船戸住職は衒いのない様子で話す。

「ですけど、十年目くらいのことでした。毎号お届けはしていても面識のなかった方が、ちょうど私が郵便受けに入れようとしていたところに玄関から出て来られて、『よくがんばってるね』と言葉を掛けてくれた。実を言えば、私は子供の頃から教員になってもずっと内気だったんですよ。なので、自分から配達先で声を掛けることはなかった。なのに、向こうから言葉をもらった。あるいは社交辞令に過ぎないかもしれないけれど、見ず知らずの人から温かい声を掛けてもらえただけで、ほんとにうれしかった」

毎月届くのを待ち望み、読んでくれる人がいる。それが実感できたことは、いまに至る大きな原動力となっている。

特筆すべき、葬儀の導師席は会葬者の方にも向けて

舩戸住職の文書伝道は、『にんげん』の発行だけにとどまらない。

「葬儀や法事で法華経や阿弥陀経を読むときは、参列された皆さんに読み下し文をお配りし、初七日や檀家さんの法事では中村元博士がサンスクリット原典を訳した般若

心経とダンマパダの読み下しをお配りしています。読み下しのプリントを配って日本語でお経を読むんです。会葬者のなかには驚かれる人もいますね」

きっかけはおよそ二十年前に遡る。ある檀家の四十九日法要のとき、施主から「お経は短くしてほしい」と言われた。

「『意味の分からない漢文のお経を長々と聞くのは時間の無駄』ということかと思ったんです。最初は、読経の時間を短くする代わりに、漢文のお経の全文をプリントにして配りました。どうせならお経の意味が分かりやすく伝わればと片面に漢文、もう片面に読み下し文を書いたプリントに変えた。そうしたら、読み下し文があったら漢文のほうは段々と使わなくなっちゃった。それで、いまは読み下し文だけお配りするようにしています。もちろん『お経は分からなくてもいい』『聞いているだけでありがたいんだ』という考え方もあるんでしょうが、私としては分かりやすく伝えたい」

船戸住職の真意は、檀信徒にも浸透している。実際にこんなことがあった。

「ある檀家さんのお宅で何回か続けて法事がありました。そうしたら、その檀家さんが『お経って私たちがどう生きるかが説かれてるんですね』というんです。そこまで伝わったと思うとうれしくて、『もともとお釈迦様は生きている人に説法したんですよ』とお話しました」

そうした思いから、安養寺の葬儀では、もう一つ、独自の取り組みがある。

「葬儀のとき、お坊さんは祭壇に向き合ってお経を唱えるのが普通ですけど、三年ほど前から私は座る場所を変えて葬儀を行っています」

どういうことなのか、船戸住職が図に示してくれた。つまり、導師が会葬者に背を向けるのではなく、祭壇と会葬者の両方を視野に入れられる位置で葬儀を執り行うということである。これは特筆すべき実行ではないか。

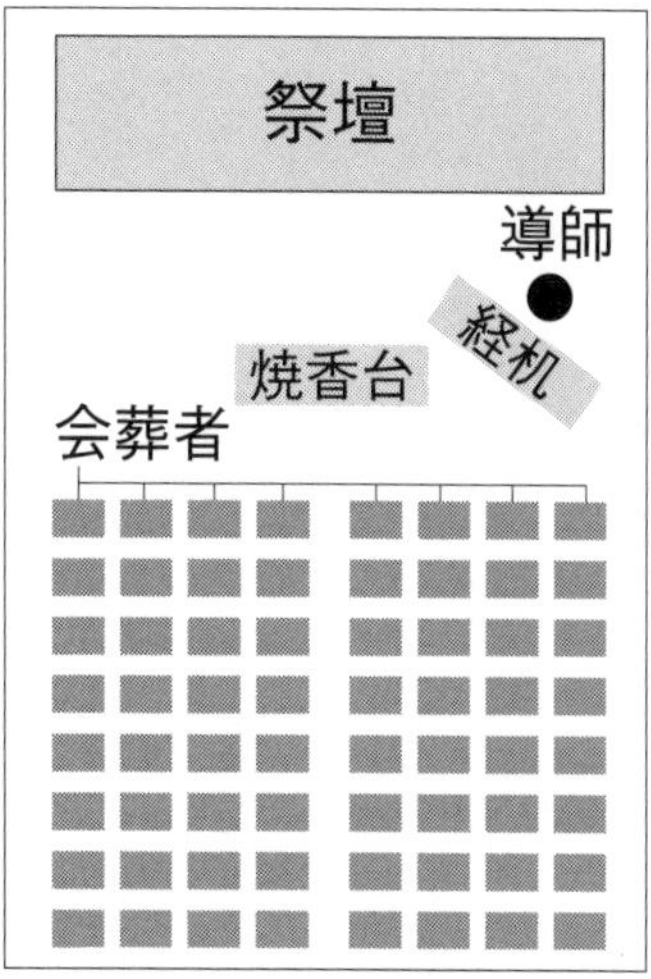

船戸住職が実施する葬儀のレイアウト

「お経は、故人だけでなく会葬者に向けたものでもあります。会葬者に向き合って葬儀を行うわけで、私も緊張するんですけど、参列される皆さんもしっかりと耳を傾けてくださる。葬儀中に私語は全くないですね。葬儀社に配置を変えてほしいと頼むと『こういう葬儀は考えたこともなかったですけど、これもいいですね』なんて言われます」

こうした葬儀の人に向き合うやり方も、檀家のみならず地域全戸に寺報を届ける取り組みも、根底には仏教を日常に根付かせたいという船戸住職の願いがある。

「昭和二十六年のサンフランシスコ講和会議では、日本に対する制裁措置、戦勝国による日本の分割統治が議題となり、そんななか、セイロン（現スリランカ）代表として出席していたジャヤワルダナ財務大臣が、ダンマパダの一節を引いて『人は憎しみによっては憎しみを越えられない。人はただ慈愛によってのみ憎しみを越えられる』と、セイロンが日本に対する賠償請求を放棄する演説を行った。これが各国の賛同を得て、日本が占領を解かれることにつながったそうです。スリランカでは仏陀の説いた説法が宗教家でない普通の人々の日常生活にも生きている。だからこそ、多くの共感を呼ぶ演説ができたわけです。ところが、日本では最近、『葬儀にお坊さんは呼ばなくていい』とか『お経はいらない』なんていう声が新聞などでも取り上げられる。お寺がどうにかしなきゃいけない」

境内のバリアフリー化と合葬墓への思いやりと

船戸住職は、寺報を自らの手で配ることには、こんな効果もあると話す。

2018年にスロープが取り付けられた安養寺の本堂入り口

「届けて回っていると、地元の人たちの生活環境の変化や暮らしぶりの格差がなんとなく見えて、じかに自分の眼で世間を知ることにもなるんですよ」

地域の置かれている現況を確認し、お寺の営みにフィードバックすることにもつながるわけである。

例にもれず新川地区でも高齢化・少子化が著しい。そこで、船戸住職が取り組んでいるのが、境内のバリアフリー化と合葬墓だ。

本堂のすぐ左手にある安養寺の墓地は、本堂よりも一段高く、高低差が二メートルほどある。

「二十年ほど前、歴代住職のお墓を移して檀家さん用の墓地にすることになったんです。ところが、新しく区画した墓地を見た高齢の世話人さんが『車いすが通れない』とおっしゃる。石屋さんがサービスで石段を作ってくれる予定でしたが、『お金がかかってもスロープにしなければ』と工務店に発注しました」

二〇一八年十月には本堂に上がる三段の階段にもスロープを設けた。

「ずっと障害者差別解消法は頭にあったんですが、市内の二胡奏者をお招きして本堂で演奏会を企画した折、その演奏者の方が『体が弱っちゃって、大きな段差があると不安』とおっしゃった。『それなら』と、本堂にもスロープを据え付けることを決めました。檀家さんからも喜ばれています」

合葬墓は雨の日を考えて屋根付きに

永代供養の合葬墓は、墓地にスロープを設置した副産物だと船戸住職は話す。「スロープを付けたことで、墓地に半端な空きスペースができちゃったんです。そうしたら、工務店さんがそこに物置を作ってくれるという。だったら、せっかくだから合葬墓として使おうということになりました」

十一面観音の下に納骨するようになっており、内部には阿弥陀如来を祀り、その奥にお骨を納める。個別に納骨するタイプの永代供養墓ではなく合葬墓にしたのは、「ご家庭の事情は様々ですが、たとえ円満ではなかったとしても、亡くなった後はみんなで仲良く過ごしてほしいと思ったからです」と船戸住職は話す。

納骨料は一律十五万円で、護持会費として年四千円を納めれば、何柱でも受け入れる。お墓の承継者がいない人はもちろん、承継者がいても合葬墓を求める人が少なくない。墓じまいして合葬墓に移した檀家もいるという。

地域ボランティアも加わり資源ゴミから寄付三千万円

もう一つ特筆すべきが、お寺で資源ゴミを集めて、それをリサイクルした収入による募金活動である。そのいきさつを船戸住職はこう説明する。

『にんげん』を創刊してから五年ほど経ったころだったと思いますが、埼玉県川口市の取り組みを新聞で目にしたのがきっかけです」

川口市では焼却炉でスチール缶とアルミ缶を一緒に処理していた。これを分別して処理するように変えたところ、それまで十年だった焼却炉の耐用年数が倍の二十年になって、浮いた予算で公民館などの施設を作ることができたという。

舩戸住職は、同じ取り組みを役場に提案することも考えたが、試みとして『にんげん』に「スチール缶とアルミ缶を分別して、アルミ缶は安養寺に届けてください」と書いて地域に呼び掛けた。

「お寺で実践することで、行政も分別収集に取り組んでくれるかも、と思ってのことです。もっとも、これはうまくいかなくて、今もって桐生市では缶を分別しないまま収集していますけどね」

苦笑いしつつ、舩戸住職は続ける。

「お寺に持ち寄られたアルミ缶を業者さんに持って行ったら、新聞やダンボールも扱っている。だったらということで、新聞やダンボールもお寺に届けてもらうようにしたんですよ。それからは徐々に扱う資源ゴミが増えていきました」

現在はスチール缶や鉄くず、不要になった石油ストーブやファンヒーター、アルミサッシ、バッテリーなどもお寺に持ち込まれる。これとて簡単にできることではない。

ボランティアも加わり地域から回収した資源ゴミを有効に

この資源ゴミを業者に買い取ってもらい、その代金を自立生活サポートセンター・もやい、国境なき医師団日本、日本紛争予防センター、国連難民高等弁務官事務所といった貧困対策や平和活動に取り組む団体に寄付している。

現在は地元ボランティアも加わって、「安養寺『にんげん』の会」として活動し、二〇二〇年一月発行の『にんげん』第402号には、前年十二月の収入として八万二千七円、十一月は十一万七千八百三十四円と報告されている。資源ゴミの買取価格は変動があるので概算だが、アルミ缶を一キロあたり百円程

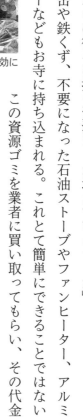

度で買い取ってもらったとすると、月に一トン前後の空き缶がお寺に持ち込まれることになる。約二十五年の募金総額は実に三千万円近くにのぼるというから、お寺の社会貢献活動としてはまさに破格といえる。

リサイクル募金は地元図書館への児童書の寄贈にも役立つ

十数年前に、安養寺からほど近い新里東小学校の六年生の女子児童が、いじめを苦に自ら命を絶った事件をきっかけに、現在は年に一回、地元の小学校三校と中学校、桐生市立新里図書館にそれぞれ十五万円分の図書も寄贈している。

「地域の協力で集まった資源ゴミによるお金を、学校教育にも生かしてほしいと願ってのことです」（舩戸住職）

各校の児童からは感謝の便りが寄せられ、桐生市立新里図書館では寄贈された書籍をその都度ディスプレイしている。同館の担当者は「おかげさまで高額なセットものの児童書を蔵書に加えることができます。ほんとうにありがたいです」と、感謝の声が多く届いている。

「まだまだですよ。地域でも、リサイクルに取り組んでくださっているのは、いいとこ三割足らずです。お寺に持ち込むよりもゴミステーションに出しちゃうほうが手間がかからないですから」と船戸住職は少し不満げだが、逆に考えれば、さらなる上積みが見込めるともいえよう。なにより、全戸に配布する寺報で地域に働き掛けたからこそ、三割の家庭がゴミを無駄にせず有効活用に取り組むようになったことは確かなことだ。

船戸住職の寺報『にんげん』は、人々の日常に仏教を溶け込ませることで、よりよい地域づくりにもますます力を発揮していくに違いない。稀有な実践である。

〈文／本誌・和田博文〉

7
ローカル線無人駅をお寺にして人々の憩いの場にする住職の当意即妙

大阪府東大阪市南荘町

真言毘盧舎那宗 額田寺
畦田清祐 住職

畦田 清祐（うねだ せいゆう）
1977（昭和52）年、大阪府生まれ。高野山大学文学部密教学科を卒業後、奈良県五條市にある高野山真言宗転法輪寺で修行する。2006年、北条鉄道のボランティア駅長に応募し、兵庫県加西市にある播磨下里駅の駅長に就任する。同時に日本発の駅舎内寺院である下里庵を開く。2009年、大阪府東大阪市の真言毘盧舎那宗額田寺の住職に就任。毎月２回額田寺から下里庵に通い、駅舎に集う人々との交流や鉄道の発展を願う鉄道法要などを続けている。

扉の写真／鉄道の切符を切る畦田清祐住職にして駅長

兵庫県下の田園地帯を走る北条《ほうじょう》鉄道に播磨下里《はりましもさと》駅がある。ローカル支線によくある無人駅だった。が、十三年前。その古びた駅舎に《御自由にお入りください。下里庵》と小さな札が下がった。「何だろう」と中をうかがう人に対して、「こんにちは」と笑顔で迎えたのは僧衣の人だった。

日本で唯一とされる駅中寺院を作った畦田清祐住職

大阪府東大阪市にある真言毘盧舎那宗額田《がくでん》寺の畦田清祐《うねだせいゆう》住職（四十三歳）だ。

実は、この駅の歴とした駅長でもある。全国でも稀な駅長住職！

駅舎は築百年以上の建物。ガタつく扉を開けると、十畳ほどの空間に数人が坐れる机と椅子がある。畦田駅長は訪れた人に席を勧め、石油ストーブの上のヤカンからコーヒーを入れる。奥には祭壇があり、弘法大師像や曼荼羅が祀られている。駅のまたの名を「下里庵《しもさとあん》」として、お寺にしているのだ。文字通りの駅中《なか》寺院なんて、日本でもここだけだろう。

播磨下里駅へは、大阪からJR山陽本線で加古川駅まで行き、JR加古川線で粟生《あお》駅で、さらに北条鉄道に乗り換えて四駅目だ。北条鉄道は兵庫県加西《かさい》市と小野市の約十三・六キロを結ぶ。国鉄民営化の際に切り捨てられることになったが、地元の熱い要望で、一九八四年、県や市の出資による第三セクターの運営で生き残った。ダイヤは上下とも一時間に一本。利用者の多くは通学の中高生。が、しだいに赤字がかさみ、八駅あるうち両端以外は無人駅になってしまった。播磨下里駅の乗降客も一日百人に満たない。

二〇〇六年、活性化のため考え出されたのが「ステーションマスター」制度である。ボランティア駅長の募集だ。

なんと、鉄道好きだった畦田住職も「駅をお寺に」というアイデアで応募し、異例にも、その下里庵のアイデアと心意気で採用されたのである。

畦田住職が「下里庵」を開いた播磨下里駅は築100年以上の趣きある駅

上から目線でなく、黙って話を聞いてくれる

畦田駅長が普段は閉まっている播磨下里駅を開くのは月に二回、午前十一時から午後三時半ごろまで。毎月末にホームページ「額田寺&下里庵」と鉄道のホームページに次月の開扉予定日を載せ、《皆さんと駅長住職とで楽しくお喋りをしています。お気軽に遊びにお越しください》と告知する。

その下里庵が開く日、次々と人が集まって来る。最初に三十分ほど掃除をして、三十分の勤行。皆の幸せ祈願とともに交通安全や鉄道の発展も祈願する。加えて二〇一九年からは法話も取り入れた。その後はお菓子を食べながらおしゃべり。世間話や家族のこと、政治や宗教のことなど、話題は縦横無尽だ。畦田住職はどんな話も興味深げに聞いている。

「話題は何でもありです。思いのままを吐き出してもらえれば。ただ、人の悪口は控えてもらっています」

話が白熱しすぎて「最近来ないあの人は声がでかくて迷惑なんや」など、うっかり悪口をいう人がいると、畦田住職は、「僕からすれば、よく通ってごっついい声ですよ」とやんわりフォロー。再び、穏やかな雰囲気に戻る。

毎回訪れるという壮年男性は十三年前、いつも閉まっていた駅が開いていたので、覗いたのがきっかけだという。

「ここに来るのは僕みたいに人生を持て余したプーが多いんですわ。畦田さんは上から目線じゃない。黙って話を聞いてもらえると信頼が生まれるんですわ」

軽い知的障害がある女性は、お茶を手にニコニコしながら輪に加わっている。

下里庵として開創された当時の駅舎の中の祈願所

下里庵を訪れた人々は畦田住職と思い思いに気軽におしゃべりを楽しむ

「私がいない時も駅の周囲を掃除してくれているので助かります」と畦田住職は感謝する。

　年に数回は「鉄道ファンの集い」にしている。「駅を触れるのが嬉しい」と鉄道ファンは掃除も熱心にしてくれる。珍しい電車の写真を見せ合ったり「どの電車の連結幌がいいか」など、普段は分かってもらえない話で盛り上がる。

「数百円でも払って北条鉄道に乗って来てくれれば、鉄道の発展に多少とも貢献できると思いますので」と畦田住職。

　実は、下里庵では二〇一九年から拝観料二百円の奉納をお願いしている。ただし、当日北条鉄道を利用した人はこれまで通り無料とした。そのいきさつを畦田住職はこう打ち明ける。

「下里庵に来てくださるのはありがたいんですが、ほとんどの方は車で来られていたんです。駅長なのに鉄道に貢献できていないのが、ずっと引っかかっていました」

そこで、拝観料の半分は下里庵の運営費に。もう半分は北条鉄道に寄付することにした。集まった寄付金は枕木の交換費用に活用されている。はじめは、拝観料を設けたら訪れる人が減るのではないかという不安もあった。だが驚いたことに、むしろ来寺者は増えたという。

「なんでかなあと思ったんですが、無料よりはっきり拝観料を提示した方が来やすいのかもしれません」と、首をひねりながらも、嬉しそうに話す畦田住職だ。

夕方、皆を見送って駅の戸締りをすると、駅長業務は終了だ。朝、来た時と同じように北条鉄道で帰路につく。

たった一人だって必要とされる人のために

下里庵を開いて十三年が経った（駅舎は二〇一四年に国の登録有形文化財にもなっている）。訪れるのは、うつなど心に病を抱えた人が多いのが予想外だったという。

「最初は悩みました。病気のせいで人を傷つける発言をする人もいるので、せっかく興味を持って来てくれても離れてしまった人はたくさんいます。本当に憩いの場になっているのか、鉄道の発展にならないのではないかと。でも『鉄道好きです』『写真撮ってます』と来ても、帰りに『実はうつ病で仕事を休んでいる』などと話されることが多い。生活が楽しい人はこういう所には来ない。何かを抱えている。今は一人でも二人でも必要とされる方に来てもらえればと思います」

畦田住職は誰にでも同じ態度で接する。「知識がないから」と笑うが、そんな自然さが居心地の良さを生むのだろう。メールでやりとりを続けたり、もちろん自坊で一対一で話を聞くこともある。

畦田住職は一九七七年、大阪府堺市に生まれた。父は建築会社勤め、母は看護師。五歳下に妹がいる。小学二年生のころ、父に和泉市の天台宗槇尾山施福寺に連れて行かれた。「突然、『お父さんはお坊さんになるから、髪の毛にハサミを入れてほしい』と言われまして。光明真言を唱えながら、ぱちんと切ったことを覚えています」

同寺は弘法大師が剃髪したと伝わるお寺。父は信仰熱心で仕事から帰ると必ず仏壇の前で勤行をし、畦田少年も隣に坐らされていた。「だいたいテレビでドラゴンボールやドラえもんが始まる時間。嫌やなあと思っていました」と笑う。

長男に最初に決意を知らせたかったのだろうか。父は「自分がいない間に守るべき数カ条」をタンスに張り付け、高野山に上ってしまった。一年後、専修学院を出て僧侶になると、大阪の高野山真言宗太融寺《たいゆうじ》に勤めるようになった。父、四十歳のことだ。

一方、畦田少年は小さいころから鉄道好き。暇を見つけては電車で出かけ、鉄道会社に就職するのが夢だった。それが高校生の時、太融寺に掃除のアルバイトに行くと、父の耕祐師は窓口に坐り、お守りを売ったり祈禱の受付をしていた。それだけではなく、信者の悩みに真剣に耳を傾け、間違っていれば遠慮せず、説教をしている。

「家ではご飯食べてテレビ見て、寝るだけの姿しか知らなかったのに『先生』なんて呼ばれてましてね。ああ、お坊さんていうのはお経あげるだけじゃないんだ、大事な仕事なんだなあと見直しました」

自然と僧侶という存在にひかれていった。やがて「僧侶を目指して、お山の高野山大学で勉強しないか」と父に提案されたとき、迷いはなかった。高校卒業後、高野山大学に進んだ。仏教の勉強は楽しく充実していた。が、「大学で学ぶことは多かったけれど、妙に理屈っぽくなってしまいました。お線香の煙を頭にかけているおばあちゃんを『あんなの本当の信仰じゃない、仏教は真理を悟るための崇高なもの』とバカにする気持ちが芽生えてしまった。あのころの自分はあまり好きじゃないですね」と振り返る。

「お坊さんとは何かということを学びました」

高野山専修学院を修了後、奈良県五條市の高野山真言宗転法輪寺《てんぽうりんじ》に勤めた。父が「息子を修行させてほしい」と住職に頼んだのだ。そこでの生活は驚きだった。転法輪寺は檀家のない祈禱寺。当時七十代の桑山聖規《くわやましょうき》住職は在家から出家し、修行一筋で来た人だ。不便な場所にもかかわらず、法力の強さと人柄に、毎日、多くの人が相談に来た。

「家の方角を見てほしい」「足が痛い」「狐を取ってほしい」「子供の名前をつけてほしい」。住職と副住職が朝から夕方までお堂に坐り、どんな悩みにも真剣に対応する。多い日は六十人が順番を待っていたほどだ。

「平成の時代にこんなお坊さんがいるのかと驚きました。住職は私服は一枚も持っておらず、常に衣か作務衣。外食するのは信者と一緒にお遍路さんへ行く時ぐらい。あとは朝起きて拝んで相談にのってご飯食べて、また拝んで寝る生活をずっと続けているんですから」

住み込みの弟子は畦田師一人。生活は厳しかった。朝四時に起きてお寺中のお供えをし、日中は雑用に走り回った。夕方六時に門を閉じ、九時に灯明の火を消して回ると一日が終わる。九のつく日は相談は休みだが、住職は普段できない植木の土の入れ替えや他寺へお参りに行くため随行する。休みはほとんどない。

水子供養も任された。「水子もこの世に生きて亡くなった人と同じように供養する」というのが住職の方針で、四十五分間みっちり拝む。それも七日ごとに七回通ってもらう。一度拝んで終わりではなく、今後の説明をしなければならない。二十三歳の青年には荷の重い仕事だった。

「なかにはあっけらかんとした人もいましたが、ほとんどは沈みこんで、母親に連れられてくる。どう言葉をかけたらいいか分からなかった」

日々、精一杯対応し、実践を積むうちに、思いが変わってきたという。

「不思議なことはよく起こりました。顔色が真っ白でジャージ姿だった女の子が、四十九日終わる頃にはきちんとした身なりになる。理屈は分からないけれど、拝むことは効果があるのだと実感できた。お線香を浴びるおばあちゃんたちをバカにする気持ちも消えました。難しいポジションに放り込んでもらえてよかった」

ボロボロで廃墟のようだったかつての播磨下里駅

「若いうちに修行をしなさい」と桑山住職にすすめられ、二十四歳と二十七歳の時の二回、虚空蔵菩薩求聞持法《ぐもんじほう》も修行した。お堂に五十日間籠もり、虚空蔵菩薩の真言を百万回唱える厳しい修行だ。
「今はお寺を二カ月も空けることはできません。貴重な時間をいただいた。そばでずっと見続けましたが、住職は信者さんのいないところでも手を抜かず、一心に拝み続けていました。お坊さんとは何かということを学びました。これこそ、父が私に教えたかったことでしょう」と振り返る。

五年過ごした二十八歳のころ。

「そろそろ将来をどうしようと思うようになりましてね。なんとか自分自身で布教ができないだろうかと考えました」

仲間とともにコツコツ駅舎の改装作業をした

駅というよりお化け屋敷だったけれども…

とはいえ、あてなど全くない。そこで「歩きながら道を探そう」と四国の歩き遍路をすることにした。ところが退職し、四国行きの準備をしていた時、鉄道ファンの友達から「北条鉄道がボランティア駅長を募集してる」と情報が寄せられたのだった。

「学生のころ鉄道旅行をしていると、無人駅では雑貨屋さんや食堂が切符を売っているのを見かけた。それなら『駅でお寺をやりたいなあ』と、鉄道好きの友達には〝妄想〟を話していたんです。実は、転法輪寺にいた間も『駅でお寺をやれますように』と念じ続けていました」というから、願ってもないチャンスの到来だ。応募の締め切りは迫っていた。急遽、四国行きを中止し、慌てて応募書類を作成。両親にはもちろん、師僧である太融寺の麻生弘道住職（当時。現在は名誉住職）にも内緒で面接に向かった。

北条鉄道の社長は加西市長が兼ねていた。

「お寺の大事な役目は悩んでいる人の話を聞くこと。駅をお寺にして気軽に集える憩いの場にしたい」と思いを話すと、「面白い。お寺だったら建物がしっかりしている駅がいいだろう。播磨下里はどうか」とその場で採用が決まったというから、実に不思議なことである。

穴だらけだった北条鉄道の播磨下里駅

こうして二〇〇六年六月、播磨下里駅に初めて降りた。駅舎の扉をバールでこじ開けると中は埃だらけで干からびたネズミが転がっていた。窓ガ

小さな無人駅にご本尊様が入って人々の安らぎの場になってきている

ラスは割れ、板が打ち付けてある。壁も床板も穴だらけだった。「駅というよりお化け屋敷でした」と笑う。

拾ってきた板で壁や床板を補修した。ホームセンターで事務机を購入して布をかぶせ、まず、祭壇にした。椅子や台も手作りした。

本尊は虚空蔵菩薩求聞持法を修したお寺の住職から授かった弘法大師のレリーフ。両隣の曼荼羅は「お焚きあげしてほしい」と転法輪寺に持ち込まれたが「もったいない」と取っておいたものだ。

修繕作業は、和歌山県にある救世観音宗童楽寺の安武隆信《やすたけりゅうしん》住職と小林裕淳《ゆうじゅん》副住職も手伝ってくれた。安武住職とは専修学院の同級生だ。同じく鉄道ファンで在家出身ということもあり、意気投合し、将来を語り合った仲である。半年後なんとか形になり、三人でささやかな落慶法要もした。その後、安武住職と小林副住職は童楽寺で里子を育てる活動を始め、現在も続けている。

最初は駅に住み込もうと思っていた畦田師だが「ただ働きさせているみたいなのでやめてほしい」と鉄道からお願いされ、太融寺に勤めながら週一回通うことにした。だがいざ開けても、最初は人が全く来なかった。近隣の人たちも遠巻きにするだけ。「なんだか急に坊さんが来て、何かしているのだから怪しいと思うのは当然ですよ」。

地元の自治会長の家に挨拶に行ったり、ホームでお菓子を配るなどして少しずつ広報し、インターネットで知らせるうちに、ようやく一人また一人とやって来るようになった。

晋山したお寺は檀家十数軒だが、かえってありがたいと

さらに転機が訪れる。専修学院の同級生から「住職が倒れて、総代さんから新しい住職を見つけてほしいと頼まれているお寺がある。檀家は十数軒しかないから、他に

勤めないと生活できないが、どうか」と言われたのだ。

駅をお寺にしたとはいえ、公共の場なので表だった布教は控えていた。腰を据えて布教をしたいと考えていたところだった。師僧や父に相談すると「頑張りしだいで発展する」と励まされ二〇〇九年、三十一歳で真言毘盧舎那宗額田寺の住職に晋山した。同宗は戦後、高野山真言宗から独立した小さな宗派だ。大本山は大阪府東大阪市の千手寺で、末寺は四カ寺だけ。

今は月に十日ほどを太融寺に勤め「麻生住職の脛をかじらせてもらいながら」（畦田住職）、額田寺と下里庵を守っている身だ。

二〇一〇年の十月に由枝《ゆきえ》さんと結婚した。出会いはミクシィだ。神奈川で歯科衛生士をしていた由枝さんはお寺めぐりが大好き。ミクシィの畦田住職のページを見て、興味を持ったようだ。

「結婚する前に『お金はないよ、お寺の奥さんといっても安定はしていないよ』とよく言ったんですけど」と笑う。

生活は楽ではない。額田寺からの給料は月十七万円。太融寺に勤務した分は額田寺

2009年に大阪の額田寺の住職になったが生活は苦しい方がいいと話す

の護持のため、手をつけずに貯めているので、ここから二人の年金や健康保険料も払う。下里庵に行く時は、北条鉄道は無料で乗せてもらえるが、そこまでの往復約四千円の交通費は自費だ。捻出が苦しいこともある。だが、「生活が安定したところに入るよりも修行になりますし、法務が忙しくないお寺だからこそ、ボランティアの時間もできるので、かえってありがたい」と、いたって朗らかだ。

独身のころは生活費を稼ぐため額田寺を空けてしまうことが多く「いつ行ってもいない」と檀家さんから苦情が来ることもあった。今は由枝さんがいつもいて、掃除や植木の世話をしているので、境内に活気が出てきている。

「ふつうの目線でアドバイスをしてくれるのもありがたい。お坊さんの固まってしまった頭では考えつかないことを言ってくれます」

課題は、お参りがまだまだ少ないこと。

「若い人にお寺への興味を持ってほしいのですが、どうしたら増えるか分からない」と正直に話す。

それで始めたのが、毎月一回勤める護摩法要。そして、やはり鉄道。二〇一一年十月から「鉄道法要」も行っている。場所は額田寺、童楽寺、下里庵の持ち回りで、年に四回ほどの開催だ。ネットで呼び掛けて鉄道ファンに集まってもらい、全国の鉄道各社約二百社の名前を読み上げ、祈願する。

「私の特徴といったら、鉄道オタクということしかありませんからねえ。隠れ鉄道ファンってけっこう多いんです。最初は遊びがきっかけでも、仏教に関心を持ってくれれば」と日々、頭をひねっている。

本尊は薬師如来。一カ月毎日祈禱する「一カ月祈禱」も受け付けている。「効果がなければあのお寺はご利益がないとなりますから」と真剣勝負の毎日だ。

「目標は子供たちから『なんで手を合わさなあかんの』『成仏って何』と根本的なことを聞かれても、ごまかさずきちんと答えられるお坊さんになること。それが僕らの仕事だと思います」

下里庵を開ける日、畦田住職が先に一人で掃除をしていると、ふらりと入ってきた男性が机にお煎餅をポンと置いた。以前は、同席者が気を悪くするような毒ばかり吐いていた男性だったが、「笑顔が増えた」と周囲が驚くほど変わったという。「五年かかりましたけれど」と、畦田住職はほほ笑む。

「みかん」「ドーナツ」「おまんじゅう」「アクエリアス」……。祭壇にはお供物の品目が施主の名前とともに一つ一つ張ってある。みんなが手土産に持ってきてくれたものだ。「灯油」や「トイレットペーパー」の文字もある。一カ月張り出した後に剥がすが、全部大事に取ってある。その束はすでに十数センチにもなっている。

檀家が少なく行事がなかった額田寺が生き生きとし始めた。また、利用されていなかった無人駅も大切な拠り所となっている。

住職の思いと行動で、どんな場所も輝くのだとストレートに教えられた。

8
自作実演の大人向け紙芝居で地域活性化！みんなのアイドル住職

岐阜県恵那市山岡町

曹洞宗 林昌寺
宮地直樹 住職

宮地 直樹（みやち じきじゅ）

1967(昭和42)年、三重県生まれ。中京大学文学部心理学科卒業。東京の商社に４年間勤務した後、曹洞宗大本山永平寺で修行、2006年林昌寺住職就任。03年より大人向けのオリジナル作品「夜の紙芝居」をレストランなどで上演開始、現在は50演目を超える。人形作家「じきじゅ」としても活躍中。10年に活動がNHK「にっぽん紀行」に特集され好評を博す。全国での公演歴も多数あり、コロナを契機にネット配信も行う。著書『夜の紙芝居』。

扉の写真／夜の紙芝居を演じる宮地直樹住職

住宅街にあるイタリアンレストラン。あたりが暗くなるころ、店先に『夜の紙芝居』と書かれた提灯が掲げられた。客席には老若男女が座り、一人客の姿もある。ハンチング帽の男性が「夜の紙芝居と聞いて、よくエッチな内容だと誤解して来る人もいますが、違いますよ」と、客席をなごませてから、紙芝居を始めた。演じるのは岐阜県恵那市山岡町にある曹洞宗林昌寺の宮地直樹《みやちじきじゅ》住職（五十三歳）だ。

演目は、『おんころころ』。

――夜中に幼い娘が急にぐずり出し、目を覚ました母親。すごい熱がある。夫をたたき起こし、車で救急病院にかけつける。母親は無意識に娘の額に手を当てて「オンコロコロ」という言葉を唱えていた。夫に「何の言葉？」と聞かれても分からない。ふと思い出されたのがおばあちゃんのこと。そういえば、おばあちゃんは自分がけがをすると、手を当てて「オンコロコロ」と唱えてくれていた。すると安心して、不思議と痛みも消えた。おばあちゃんとの懐かしい思い出が蘇り――。

温かみのある絵に、宮地住職のゆったりとした語りが重なる。隣では紙芝居に合わせて、様々な楽器の演奏家が空間（物語）を盛り上げる。

イタリアンレストランでお酒を楽しみながら「夜の紙芝居」を見る人たち

いつのまにか、客席の人たちの顔つきが柔らかくなっている。

夜は自分に戻れる大切な時間だから

宮地住職が紙芝居を始めたのは二〇〇三年のこと。紙芝居といっても、大人向けなのが珍しい。ポイントは〝夜〟に上演することだという。なぜなのか。

「日中は社会生活のなかで、自分を偽らなければならない場面が多いのではないでしょうか。社会人として悪いことではないけれど、それが続くと疲れてしまいます。夜というのは素《す》の自分に戻れる時間です。自分を解放できる時間に見てもらいたいと思いました」

会場はレストランのこともあれば、居酒屋やバーということもある。約二十分の作品を三本上演するのが基本。絵も物語もすべて、宮地住職の自作なのだ。

ヘッドマイクを付けて自作の紙芝居を演じる宮地住職

「夜の紙芝居にはまっている」という四十代の男性は「お酒を飲みながら、『そうそう、オレも会社で同じことがあったよ』と思いながら見ています。映画みたいに刺激が強すぎないのが会社の後にぴったりなんです」と話す。同僚に誘われて来たという五十代の女性は紙芝居を見ながら目頭を押さえていた。

「自分は女性管理職の走り。産前産後も三カ月しか休めず、子供たちに寂しい思いをさせてきた。それを思い出しちゃって。じわじわ来ました。〝温泉〟に入ってるみたい」

この日はほかに、自殺を決意したサラリーマンが幼少時代を思い出してとどまる『磯笛』と、仕事で成功したものの奥さんとすれ違ってしまう男性を描いた『茶柱』が演じられた。誰もがどこかで感じたことのあるシチュエーションで、男性も女性もそれぞれの立場で共感できる。だが、優しかったり懐かしいだけでなく、ほろ苦かったり、意外などんでん返しもあったりする。

人生経験を積んだ大人が〝ハマる〟のも分かる。

現在、五十以上のレパートリーがあるという。演目は「お客さんの年齢層や男女比、酔い具合など、雰囲気を見てからその場で決める」そうだ。だから、宮地住職は紙芝居のたくさん入った、ずっしり重い鞄を両手に下げて会場に入る。

宮地住職が物語作りで心がけているのは、「結論づけない」ことだという。

「『こうしましょう』とか『こういう意味ですよ』とは言わないようにしています。紙芝居の主人公はお客さん自身。紙芝居を見ながら、実は自分自身を見てると思うのです。心の整理ができたり、何かをつかむきっかけとなれれば嬉しい」と願うからだ。だから、物語の捉え方は見る人によって異なり、上演後は「私はこう思った」と話が弾んでくる。

「お客さんの頭が切り替わりやすいように」と、作品ごとに絵柄もがらりと変えている。ポップなもの、シンプルなもの、写真を使ったものなど、バラエティに富む。「物語のレパートリーはまだまだ無数にあります」というから驚く。

「子供の頃から、お話を考えるのが好きだったんです。考えた物語をこれは漫画に、これは小説に、これは映画にと頭の中にある引き出しにラベルを付けてしまってきました。それを取り出して、紙芝居にアレンジしています」

たとえば『おんころころ』という作品は、薬師如来の真言の「オンコロコロセンダリマトウギソワカ」から来ている。お寺出身の妻が「痛いの痛いの飛んでいけ」の代わりにおばあちゃんに本尊の薬師如来の真言を唱えてもらっていたとい

住職が作ったバラエティに富む作品

う話を聞き、アレンジしたものだ。

演目の合間には十分ほど休憩を入れ、くじ引きをしたり、お客さんと会話も楽しむ。名古屋市内を中心に、多いときには週二日、公演を頼まれる。今では宗派を超えて、全国のお寺からの依頼も多い。音響設備などは自身で持ち込み、セッティングする。出演料は上演先の事情などを考慮し〝相談〟にしている。

「語りも物語も絵もうまくはない。どれかが突出せず、三角形のバランスが取れているのがいいのでは」と笑う。

後述するが、宮地住職は人形作家でもある。作家と和尚という二つの顔。どんな道を歩んできたのか。

「人間は苦労した分しか成長できない」と師匠に言われて

宮地住職は一九六七年、三重県の志摩に生まれた。祖母は海女《あま》、父は漁師や真珠の養殖業をしていた。だから、毎日の遊び場所は海。いつも沢山の発見があった。

「波の音はなぜ起きるのだろう」

じっと観察を続けるうちに「泡がはじける音と砂のこすれ合う音」だと分かった。水平線を眺めてその先を想像したり、砂浜に流れついた流木にこれまでの思いをめぐらせたり。海女の集まる小屋に行き、話を聞くのも大好きだった。

少年には一風変わった面もあった。たとえば船に乗っている人や道を歩いている人など、周囲の人に焦点を当てると、生い立ちや家族構成、頭の中で考えていることなどすべてが分かり、物語を自由に作れたのだ。

「正確にいえば、流れてくる物語をただ見つめているだけ。想像なのかどうかは分かりませんけど」とはにかむ風。そうして生まれた物語を頭の引き出しに収めておくのだった。

人々の思いに寄り添う宮地直樹住職

中学時代は柔道、高校ではラグビー一筋。中京大学文学部心理学科を卒業後、東京の商社に就職した。東京での社会人生活は刺激もあり、仕事も充実していたが、都会暮らしの孤独感を強く感じてもいたという。

「親戚を殺しては、ちょくちょく故郷に帰っていましたよ」

そんな折、女友達から電話で相談を受けた。女性はお寺の三女。二人の姉は嫁いでしまったので、責任感の強い彼女が「婿を取ってお寺を守る」という。お見合いもしているが、なかなかいい人が見つからないとのこと。宮地青年は思わず、「それ、僕がやろうか」と答えていた。

「ちょうど都会に疲れて、田舎に行きたいという思いもありました。何も知らなかったから安易にいえた」と苦笑する。

四年間勤めた会社を辞め、修行後に結婚する約束をし、二十七歳で大本山永平寺に向かった。中高とスポーツで鍛えてきた身にも修行は大変だった。入行前、後に義父となる師匠から言われた「人間は苦労した分しか成長できない」という言葉が支えとなったという。どうしてもお経の意味を知りたくなり、先輩僧の部屋を訪ねたこともある。ところが「大切なのは意味ではない。何度も何度も読め」と諭されるばかり。疑問を感じながらも続けると、やがてすっと入ってきた。

「本を読んで得た知識は薄っぺらい。すっ裸になること、なにより経験が大事なのを修行で教えてもらいました」

意外な事実も知ったという。

「お寺の息子、志があってやる気に満ちて在家から出家する人、僕みたいにお寺の娘と結婚するために来た人。この中で誰が一番修行に耐えられるかというと、お寺の息子でした。在家出身の志の高い人ほど、想像していたのとは違うと途中でやめてしまう人が多かった。お寺の息子は背負っているものが違う。世襲というのも意味があるんだと思いました」

阪神淡路大震災地からの行脚で迷いが溶けたわけ

一年の修行を終えたのは阪神淡路大震災の直後だった。僧侶の道を進む前に考える時間がほしいと、神戸から行脚に出ることにした。ところが、最初からつまずく。

「ショックでした。神戸の様子は自分の常識をはるかに超えていた。被災した人にどう声をかけていいかも分からない。瓦礫の中をお経を唱えて歩くことしかできず、無力感でいっぱいになりました」

　安宿やお寺に泊まりながら、一日中歩き通して東京に向かった。心ある人からお布施も結構もらったが、心は晴れない。横浜にさしかかった時のこと。女性から「何してるんですか？」と声をかけられた。はっと振り返ると姿はもう遠かった。「本当、僕は何してるんやろ」。自分が不必要で無意味な存在に感じた。

　翌日、東神奈川のトンカツ屋の前を通った。会社員時代に通った店だ。懐かしく、朝からトンカツ定食を注文した。そこへ、くたびれた身なりの男性が入ってきて、小魚二匹と生卵だけでどんぶり飯をかきこんでいる。日雇いの多い町だ。「今日は仕事にありつけなかったのだろう。僧侶なのにトンカツなんて申し訳ない」とさらに落ち込んだ。食事を終えた男性はポケットからしわしわの五千円札を出し女店主に払うと、宮地師に二千円札を差し出した。とっさに意味が分からず、店主を見ると「もらってあげて」。同宗ではお布施をいただいてもお礼はいわず「財法二施　功徳無量　檀波羅蜜　具足円満」という偈《げ》を唱える。が、その偈も出なかった。

　男性が店を出てから我に返り、「ありがとうございます」と空に向けて手を合わせた。「その瞬間、僕の中でつかえていたものがすべて溶けました。どんなお坊さんになろうかなんて悩まなくてもいい。素直に感じたままに進んでいこうと」

東京へは東海道をのぼり、帰りは中山道で行脚を続けるつもりだったが、もうこれ以上、歩く必要はないと感じ、新幹線に乗った。林昌寺に入り、結婚。義父の祥敬住職（八十三歳）の下、僧侶の道を歩み始めた。

本格的な子供の人形作りに思いを込めて

林昌寺は恵那駅から車で約二十分の静かな山里に建つ。江戸時代末期に建てられた本堂や茅葺きの山門は趣きがある。創建は鎌倉末の一三三〇年。もとは瑠璃光寺という七堂伽藍を擁する大刹だった。一五五〇年、兵火で焼失し、一六二五年に再建された。小さな集落を護持するお寺のため法務は多くなく、祥敬住職は役所勤めをしてお寺を守ってきた。

入寺した当初は、開放的な故郷の人との気質の違いに戸惑うことも多かったという。冬はマイナス十度以下になる厳しい気候のせいか、人々は寡黙でなかなか本心を話してくれない。宮地師は地域の消防団や農業委員、娘が通う学校のPTAなどに積極的に加わり、村の住人として徐々に受け入れられていった。特に重要なのは地域のお祭りだ。村人たちが唯一、はめをはずし本音を出せる場。共にお酒を飲み交わして親しくなった。

「お寺と檀家さんとの関係が近いのがありがたい。みんな『自分のお寺』という思いが強いので、草刈りも普請も進んでしてくれます。そのぶん住職は寝床をお借りしているにすぎないという意識を持たないといけないと肝に銘じています」

自由になる時間もあったため、かつてお寺の敷地にあった保育園の園舎をアトリエにし、人形作りも始めた。立体造形に興味を持ち、会社員時代には仕事の傍ら、ウインドーディスプレー用の人形も制作していたからだ。題材は自分の子供時代。アトリエは「童心庵」と名付けた。石粉粘土をアクリル絵の具で着色して作る。やがて、生き生きとした子供の人形は評判を呼び、人形作家「じきじゅ」として活動するように。制作依頼が増え、個展も開くようになった。

「子供の人形は、童心に返って穏やかな気持ちになってほしいというのもありますが、さらに人生を見つめ直し、よりよい方向に転換していくきっかけになればという思いも込めました」

小学校や保育園から人形教室の講師を依頼されることも増えた。しかし、「自由に作ってくださいね」と呼びかけても、子供たちは先生の評価を気にした作品しか作らない。

「どうすれば自分らしい作品を作ってもらえるか」と悩んだ宮地師。編み出した方法がユニークだ。まず「うんこ」を作ってもらうのだ。

「子供はうんこが大好きです。『長いひもを作ってくるくる巻きましょう』というとみんな大喜びで作ります。その感覚を得てから作る人形は、大人にこびない個性的なものになります」

紙芝居を始めたのは、人形の個展の出し物にしたのがきっかけだ。個展のオープニングには、友人の音楽

鎌倉時代に創建された茅葺きの山門が印象的な林昌寺

家や落語家を呼んだが、そこに感じるものがあった。

「人形は空間的な芸術でしたが、それらは時間的な芸術です。たまたま居合わせた人たちが、一緒に時間を作っていけるのはすてきだなと思って」

子供向けの人形教室の講師としても引っ張りだこなのだ

とはいえ、楽器の演奏などはできない。思いついたのが、頭の引き出しにある物語と、子供の頃から好きだった絵、「聞いてると穏やかな気持ちになる」と言われる志摩なまりを融合させたら、ということ。二〇〇四年四月の個展で初めて紙芝居を作って演じた。
「正直、語るというのは恥ずかしかったです。でも続けてみようと思いました」
知り合いのカフェの店主に話すと、快く場所を提供してくれた。月に一度ほど、新しい作品ができるたびに上演した。最初はお客も少なかったが、人づてに伝わり、公演場所もだんだんと増えていった。

「お寺はいつも門戸を開けていたい」をモットーに

二〇〇六年、三十九歳で住職を継いだ。晋山してからも、幸い、祥敬東堂のサポートにより、紙芝居の公演で各地に赴くこともできるという。

「僕の活動が遊びではなく、布教につながっていると理解してくれているのがありがたい。東堂はまじめな和尚らしい和尚。特にすごいと思うのは、お寺に来た人には必ず上がってお茶を飲んでいってもらうこと。できそうでなかなかできない。僕は忙しいと、玄関先で早く帰ってほしいという空気を出してしまうこともありますから。学ぶところはまだまだいっぱいあります」

人気の宮地住職オリジナル人形作品

住職を継ぎ、新たに始めたのは寺報作りだ。毎月の予定表には「お経・念仏を習う会」「写経会」「御詠歌」「参禅・法話会」「寺子屋子供会」などたくさんの行事日程が記されている。「寺子屋以外はほとんど来ないんですけど……」と笑うが、「お寺はいつも門戸を開けていたい」という思いが強い。

祥敬東堂の時代から半世紀近く続けている恒例行事が小学生向け「緑陰禅のつどい」だ。夏休みの終わりに「二学期に向けて気持ちを引き締めよう」と、住職の話を聞いた後、境内の木蔭で坐禅と写仏をする。また、恵那三十三観音霊場第二十二番札所のため、春の一週間の開帳期間は、寺檀総出で参拝者のご接待。普段は静かな山寺がにわかに活気づく。宮地住職はお寺の役割をこう捉える。

「都会のお寺とは違いますし、仏教の教えそのものではないけれど、ご先祖様を守るという役割があります。ご先祖様があって自分がいると確認でき、さらに自分の居場所が確保されているのだと安心できる。そういうのも寺の大事なあり方なのではと思います。先人が築いてきたものを大切に受け継いでいきたい」

震災や新型コロナのあとに「何ができるのか」

二〇二〇年四月、新型コロナウイルスにより緊急事態宣言が発令され、「夜の紙芝

先代から半世紀続く夏休み恒例の小学生向け「緑陰禅のつどい」も大好評

居」の会場であるレストランは休業を余儀なくされた。自粛期間中を利用して、宮地住職は新型コロナにちなんだ二作品を作った。加えて、ライブ配信のスマートフォンアプリ「ＨＡＫＵＮＡ《はくな》」に登録。週に一度の無料配信を開始した。

だが、課題も見つかった。会場でお客さんの反応を見ながら即興的に展開を変えていくのが宮地住職の得意技だが、ネット配信ではそれができないのだ。

「どのような作りにしたらいいのか、まだ研究中です。でも、きっちりやっていこうと思っています。ネット配信に適した形を模索することで、今後のいろんなことに繋がってくると思いますので」
二〇一一年の東日本大震災後には、宮城県気仙沼市の曹洞宗仙翁寺に駆けつけた。目にした光景は、数カ月経っても事態をうまく受け止められないほど、心に深く刻まれた。「童心庵らしいことができないか」と始めたのが「萬の手プロジェクト」だ。震災で犠牲になった人への供養と祈りを込めて、みんなに直径数センチほどの手を作ってもらう。目標は二万個。反響は大きく、二〇一三年、人々の思いを紡いだ二万九千九百九十七手が仙翁寺に新築された萬手観音堂に納められた。

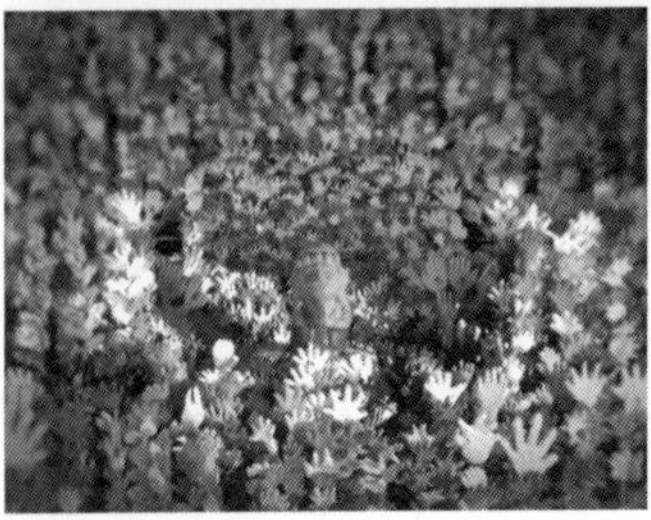
大震災犠牲者「萬の手プロジェクト」

二〇一六年の熊本地震でも依頼を受け、取り壊しが決まった建物に横十五メートル縦三メートルほどの巨大な壁画を描いた。考え抜いた末、主題にしたのは老若男女の笑顔のアップだ。これが縁を結び、仮設住宅を回って紙芝居も演じた。全国に活躍する宮地住職だが、「僕の小さな活動は百人のうち一人に届けばいいと願っています。百人の和尚がいればそれは百人に届きますから」。

宮地住職にお寺の近くを案内してもらっているとき、道路を徘徊しているおばあさんがいた。「いつも赤っぽい服を着ているんですよ。昔、離れ離れになってしまった恋人がいて、その人が初めてくれた贈り物が赤い服だった。だからいつか恋人が見つけてくれるように、いつも赤い服を着ている。そんな物語を想像しちゃいます」と宮地住職。普通だったら「ちょっと呆けてるんだろう」と気にとめずに通りすぎてしまうが、どんな人にも興味を持ち、見逃さない。作家で僧侶の目だと感じた。

熊本地震で被害甚大な益城町に「笑顔」を描いた

特技をとことん追求して自分を生かし、住職として地域にしっかり根を生やしてもいる。宮地住職の実践はどんな場所でも人々に寄り添えるのだと教えてくれる。

9

ガンを発症しつつも自作の歌で感動と共感を呼ぶ女性住職

奈良県高市郡高取町

浄土真宗本願寺派 教恩寺
梁瀬奈々 住職

梁瀬 奈々（やなせ なな）
1975(昭和50)年、奈良県生まれ。龍谷大学文学部卒業。2004年、シンガーソングライターとしてプロデビュー。30歳で子宮体がんを克服した経験と僧侶の視点を生かし、生死の苦悩の先に広がる救いや命をテーマにした楽曲を数多く発表。年間70回近いコンサートや講演会をこなす。CD『あいのうた』『遠い約束』など多数。17年、短編映画『祭りのあと』の企画・脚本・音楽を担当。著書に『歌う。尼さん』『歌う尼さんのほっこり法話』他。

扉の写真／宗派を超えて全国のお寺に歌を届ける梁瀬奈々住職

福島県下の町村が自殺防止の会を主催した。参加者のほとんどが自死遺族だったその催しにゲストとして呼ばれたのが、シンガーソングライター〝やなせな〟という歌手だった。

肩書には「浄土真宗本願寺派教恩寺住職」とあった。壇上に現れたのは、女性住職とはいうものの、小柄で華奢な可愛らしい女性。緊張した面持ちで、やなせさんはこう話しはじめた。

「死は同じです。どんな死を選ぼうと、訪れているものは同じです。往く向こう側はひとつ。だから、大丈夫なんです」

会場は一段と静寂に包まれた。そんななかでやなせさんはマイクを持って、歌いだした。

《かみさま　お願い　僕に少し時間をください
これが最後になっても　いのち尽きるその時まで
　ありがとう　ありがとう　ありがとう
伝えたい　ひとりぼっちになった君が　さみしさに押しつぶされないように

苦しいときもあった　生きることは楽じゃないね
それでも振り返ると　ふたり　ずいぶん笑ったなあ
　ありがとう　ありがとう　ありがとう
伝えたい　ひとりきりで旅立つ僕が　二度と振り返らずに済むように

たぶん大丈夫　ほんの少しのあいだのお別れ
光の輪くぐりぬければ　なつかしいあのひとも　きっと待ってる
　ありがとう　ありがとう　ありがとう
伝えたい　ひとりきりで旅立つ僕を　君が心配しなくて済むように

つないだ手のぬくもり　君が作るあたたかいごはん
聴こえるなつかしい歌　並んで見上げたお月さま
　さようなら　さようなら　さようなら　さよなら

忘れないで　たとえ僕が　なにひとつここに残せなくても》

「あの曲は私のオリジナルの『ありがとう。』という歌でした。でも、〝死は同じ〟とお話をしたあと、拍手ひとつなく会場がシーンとしていたので、とても不安でした。あの日はいろんな曲を歌ったけど、目の前にいる人に向けて、いちばん力を入れて歌ったのが『ありがとう。』でした。そしたら会終了後になって、聴いていた方がどっと集まって来て〝あの、『ありがとう。』の歌が入ったCDがほしい〟と言われたんですよ。よかった、伝わった……。ここに来て本当によかった、と思いました」

命の大切さを歌い続ける教恩寺の梁瀬奈々住職

自坊である奈良県高市郡高取町にある教恩寺で、墨染めの衣姿の梁瀬奈々住職は、嬉しさをかみ締めるように、そう振り返った。

全国からのリクエストで年七十回の公演

歌う尼さん。これが、梁瀬住職のキャッチフレーズだ。作詞、作曲すべてを手がけるプロのシンガーソングライター〝やなせなな〟でもある梁瀬住職は、事務所に所属せず、一人ですべてをこなす。教恩寺の法務の傍ら、一日の大半は公演スケジュールの打ち合わせ、事務作業に追われる。

活動範囲は幅広い。ライブハウスはもとより、全国津々浦々のお寺から宗派を超えて「歌いに来てほしい」と声がかかるからだ。引っ張りだこの背景に、彼女の歌、それに歌にちなむ語りを交えた独自の公演スタイルがある。平均月六回、年間七十回近い。最近は市町村や学校での人権後援会やコンサートにも招かれる。これまで回ったところは、全国四十七都道府県で六百カ所を超えた。

ラジオにも多く出演し、二〇一二年からはＦＭ仙台で「やなせなな　はじまりの日」というレギュラー番組も持つ。

梁瀬住職はこれまで五枚のシングルCD、六枚のアルバムCDを出している。そのいくつかは、CMソングやゲームの主題歌、さらにはつかこうへい作の演劇作品などの劇中歌にも採用されてきた。

人気の理由はどこにあるのか。

実はどの歌も、仏教的な言葉は使っていない。でも聴くと、なぜか懐かしい感じがして、身の回りの大事な人が思い出される歌ばかりだ。

たとえば『祭りのあと』は、祭囃子を聴くと、幼い自分の手を引いてくれたあの人を思い出すという歌。

《時は流れて
変わりゆく町
あなたは二度と

自らの詩と歌で教えを伝える梁瀬奈々住職

戻らないけれど
わたしの中に
確かに残る
轍《わだち》にも似た証《あかし》伝える》
『蜜柑』という曲は年をとって記憶を失っていく人間の姿を歌い上げている。
《懐かしいあの家を
あなたは
もう思い出せない
ただ
裏庭の蜜柑の木を見上げて
微笑むだけ》
梁瀬住職は、なぜこんな歌を作り、そしてお寺でコンサートを始めたのか。背景には、二十九歳という若さで子宮体ガンの発症、そして「ずっと、自分の居場所を求めてきた」ことがあったという。

悩みながらもお経を歌のようにして…

近鉄吉野線市尾駅から徒歩十五分。あたりには、青々とした山や水田、そしていくつもの古墳がある。山を背にした、小さなお寺が教恩寺だ。

門徒は約四十軒。歴代の住職は兼職をしてお寺を支えてきた。

戦後、戦死した夫に代わり、教恩寺を守ってきたのが坊守だった祖母のサダさんだ。梁瀬住職の父・義章さんは得度したもののお寺は継がず、別の道に進んだからだ。

梁瀬住職は、一九七五年、ここ教恩寺に三人兄姉の末っ子として生まれた。

「私はものすごいお祖母《ばあ》ちゃん子でした。両親が共働きだったこともあって、お祖母ちゃんの後をいつもついていたんです。本堂でお経をあげるというと、くっついて一緒にあげていました。それに、昔から歌が大好きで、お経も楽しくて歌みたいな感覚がありました。門徒さんにも可愛がってもらって、本堂では座布団を重ねてその上を総代さんと一緒に飛んだりして遊んでもらっていたんです」と振り返る。

といっても、子供の頃は内向的な子でもあった。

「小学校の時は内弁慶でいじめられっ子。それもあって、いつも寂しくて、自分の居場所を探しているところがありました。兄と姉は勉強ができて、いつも机に向かっていた。私はよく一人で裏山に行って歌ったり、見えないものとしゃべったりしている子だったんです」と奈々さん。

それでも、高校は大阪市内の進学校に進学した。ところがだ。

「落ちこぼれてしまったんです。田舎の中学で勉強ができるというのは、たかが知れていたんですね」

もともと、まじめで思いつめるタイプ。

ショックのあまり、学校も休みがちになった。でも、どうしても、家族に悩みは打ち明けられなかった。

そんな末娘を心配した母の恵子さんが「一度、会いにいきなさい」と、引き合わせたのが、遠縁の親戚にあたる老師、梁瀬義亮師だ。

当時、義亮師は医師として、また僧侶としても、広く宗派を超えて仏教を伝えていた。

正直にいえば、しぶしぶと義亮師に会いに行った奈々さん。しかも、迎えてくれたのは、やせ衰え、時おり咳き込む、具合も悪そうな老僧だった。

梁瀬住職が勤しむ青々とした自然と歴史豊かな地に建つ教恩寺

「本当に、〝このおじいちゃん、大丈夫やろか?〟が第一印象でした。でも目だけは、とてもキラキラしていたんです」

義亮師の穏やかな雰囲気に惹かれるように奈々さんは、自分の辛い思いを訥々と打ち明けた。黙って頷きながら聴いていた義亮師は、奈々さんにこう語りかけた。

「つらいでしょう。でも大丈夫。あなたがどんなに悪いことしても、そう、世界中の人があなたの敵になっても、それよりも、もっともっとたくさんの数の仏様が、あなたのことを見守ってくださるから。心配することなんか、何もない。せやからね、なもあみだぶつ、なもあみだぶつと、仏様にお返事をするんやねえ」と。

この言葉に、なぜか心がほどけた。

「言葉で説明するのは難しい。でも、義亮先生のお話を聞いて〝そうか、私がどれだけ落ちこぼれても、仏様が見てくださっているんや。大丈夫なんや〟と思えた。そう思ったら、自然に涙がこぼれてきた。子供の頃から意味も分からず歌のように唱えてきたお念仏と、何かぴたっと重なった瞬間でした」

義亮師との出会いを機に奈々さんは再び学校に通うことを決めた。高校卒業後、進んだ先が龍谷大学文学部真宗学科だ。

父も認めてくれて念願のプロデビューが、発病…

大学は、好きだった歌に打ち込んだ。

「当時はポップな曲やソウルミュージックが大好きでした。学内だけでなく、大学の外でもライブをやっていて……。留年するぐらい打ち込んだのですが、親は何も言いませんでした。でも、ライブに来てくれたこともありますが、〝理解できん〟という反応でしたけどね」

卒業後の進路は決めていなかったが、好きな歌、そしてお寺に関わる生き方を思い描いていた。四回生の時に得度した。

大学卒業後、教恩寺を手伝いながら音楽活動を続けた。でも、やがて誰かの曲を歌うことが空しくなってきたという。「このままで自分はいいのか」と、気付いたら、また昔のように自分の居場所を探していた。

そんな二十六歳の頃。友人のお姉さんが拒食症で亡くなったのである。

悲しみで絶望していた友人の姿を前にした時、胸のなかに、湧き上がるものがあったという。

その晩、この思いに背中を押されるように作ったのが『誓い』という歌だった。

「人は誰でも、皆必ず死を迎える。残された者は、それを永遠の別れとして絶望的に受け止め、嘆き悲しむ。でも私のなかに思い出されたのは、祖母に教えられた『お浄土』の世界でした。いのちは、どこからか来てどこかへ還って行くのではないか。だから別れは悲しいけれど、〝大丈夫だよ〟と彼女に伝えたかったんです。そういう思いを込めて作った歌でした。歌で彼女に寄り添いたかった」

自分が楽しむために歌っていた歌が、誰かの力になれるかもしれないと気付いた瞬間だ。『誓い』を聴いてくれて、父親の義章さんも変わった。

「それまで父は、私の音楽活動に何も興味を示さなかった。ところが、この歌を聴いて父が号泣したんです。父のなかの何かが引き出されたのでしょうか。〝お前は絶対に歌をやめたらあかん。ずっと続けていけ〟と言ってくれました」

歌うべきものが見つかった。そうならば、プロとして歩もうと心が決まった。

さっそく、百を超える音楽事務所にデモテープを送り、一社が奈々さんの『誓い』に目をとめてくれた。二十八歳で念願の全国プロデビューを果たした。ＣＤも店頭に並べられた。

だが、三十歳を間近にして体に異変を感じた奈々さん。

病院に行くと、告知されたのは子宮体ガンというむごいものだった。医者は奈々さんに告げた。

「子宮と卵巣、すべてを摘出しないと、あなたの命は絶対に助かりません」

目の前が真っ暗になった。

「歌う尼さん」として私はここで立って歌うんや！

当時の気持ちを梁瀬住職はこう表現された。

「正直、自分の身に起きたことが、まったく信じられませんでした。加えて、もう子供が産めない体になるのかと思うとショックが襲ってきました」

幸いにも無事、手術は成功した。

心機一転、これまで以上に音楽に打ち込もうとした矢先のこと。なんと今度は所属していた音楽事務所が倒産してしまう。手術のあとだけに弱っていた身体にこの現実が追い打ちをかけた。

「誰もこの辛さを代わってくれない。自分は本当に一人ぼっちやと思いました。みんな出てけ！　みたいな気分で、周囲に当たり散らしていたんです。歌なんて作る気も起きなかった」

そんな頃だった。奈々さんを心配したピアニストが、「最近、歌作ってる？」と尋ねてくれたという。

奈々さんは「こんな状態で歌なんて作れるわけがない。いっそ死んでしまったほうが楽と思うんです」と呟いた。すると、そのピアニストは、ムッとして、奈々さんにこう話したという。

「死んでしまったら楽？　なんでそんなこと言うの？　命の終わりって、時計の振り子が止まるようなものじゃないの？　ゆらゆら揺れていたものが、だんだんと振れ幅を小さくして止まる。自分の手で振り子をつかんで止めるなんて、おかしいと思うな。ガンになった辛さは俺には分からない。でもそのことと、新しい歌を作らないことは全く関係ないんじゃないの。何も浮かばない、作りたいと思わないなら、シンガーソングライターなんかやめたら」と。

梁瀬住職は振り返る。

「彼の言葉に、横っ面を張られたような気分になりました。そうや、もう一度、歌おう。命の振り子が止まるその日まで、歌を作って、届けようと思ったんです」

再び、動き出した奈々さん。手を添えてくれたのが、大学時代の友人僧侶だ。「うちのお寺で歌わない?」と声をかけてくれたのだ。そのコンサートを見て、また別のお寺が声をかけてくれた。

その歌詞と歌声は年代を超えて多くの人々の心を癒す

もとより、奈々さんの歌は年代を問うものでもなく、宗派にもこだわっていない。その歌詞と歌声は、口コミで、次々とお寺からお寺へとつながって、各地の本堂で歌う機会が増えた。そのうち、こう思ったという。

「自然と、会場になったお寺で住職や檀家さんと話しこむ時間が多くなったのです。お酒が入ればお互いに泣きながら話す。私の歌から深いメッセージを読み込んで話してくださる。それがそのまま法話になっているんですね。お坊さんって、なんて有り難い存在なんやろう! と心打たれたんです。私もこんなお坊さんになりたいなと憧れが芽生えてきた。しかも、そんな素晴らしいお坊さんや檀家さんが、私の歌を聞いて泣いてくださるんです。一気に気持ちが変わりました。この人たちの前で歌うんだ。自信なくやっていたら、あかんと思ったんです。それまで私は、歌う場所がたまたまライブハウスから本堂になって、尼さんもやってます、みたいな気分だったのですが、多くのお寺さんと出会ううちに、〝あなたの居場所はここですよ〟と示してもらった気がした。だったら私は歌う坊主や。ここで、お寺で、ちゃんと立とうと思いました」

歌う尼さん、やなせななの誕生だった。

夢はいつまでもお寺で歌を…

覚悟が決まれば、お寺を継ぐのも自然なことだった。二〇〇九年、教師資格を取得した。

「総代さんに、〝住職になりたい〟と言ったら、きょとんとしておられました。でも、私がやってきたことを知って〝門徒も少ないし支えることはできへん。でも、歌でしっかりこのお寺を支えていってくれ〟と言ってくださったんです」

翌年、継職法要を執り行った。教恩寺に、久しぶりに住職が生まれた。

現在は週一度の月参りの他、毎月一度はお寺で法要を務める。年忌でも、しっかりと法話をする。

故郷を舞台に門徒や地元の人と映画『祭りのあと』も制作

音楽活動も広がった。二〇一七年には、故郷の高取町兵庫大字をロケ地に、企画・脚本・音楽すべてを担当した短編映画『祭りのあと』を撮影。制作費の一部はクラウドファンディングで募り、門徒だけでなく地元の人もエキストラや撮影会場に協力したこの作品は、妻に先立たれて生きる気力を失った男性が、少女との出会いで再生する物語。誰もが覚えのある喪失と、それを受け止めながら生きることが描かれる。エンディングに梁瀬住職の包み込むような歌声が重なり、観客は涙した。作品を見た町役場から二〇一九年には観光大使にも任命された。

そんな梁瀬住職の活躍と成長を、誰よりも喜んでいるのが門徒なのだろう。

「以前は〝何を遊んでいるんや〟と見ていた方もおられたと思います。でも、地道な活動を続けて来たことがご門徒さんはじめ、地元の皆さんも知るところとなり、前にもまして〝やなせなな〟を応援くださっているように感じます。二〇一七年、一九年には大阪市内の大ホールでコンサートを開催したのですが、二度とも村から大型バスでご門徒さんはじめ大勢の地元の方が応援に駆けつけてくれました。私のことを、自分の娘のように皆さん喜んでくださっている。最近では〝うちの住職、すごいねん〟と自慢してはるみたいです」とはにかむ梁瀬住職だ。

最後に梁瀬住職に、歌にこめる思いを聞くと、少し考えてこう話された。

「私の歌は、〝あなたは一人ぼっちやないですよ〟という歌です。生きているのは辛い。死ぬのも辛い。いろんな辛いことが、いまある命をキーワードにしてつながっている。その辛いことを見つめて、歌を通じて分かち合いたいんです。人は一人ひとり、辛いことが違う。けれども、そんな時、誰かに〝大丈夫や〟と言われたい。私も言われたい。でも、本当は、現実はちっとも大丈夫なんかじゃないですよね。仏教が説くとおり、生きることは本当に苦しくて儚い。でも、だからこそ、自分も救われていく言葉に耳を傾けたくて、お寺に来るんじゃないでしょうか。私の歌を聴いて〝癒されました〟と言ってくださる、その言葉に実は、私もとても癒されているんです」

その梁瀬住職の思いが伝わるからこそ、たった一度出逢った人とも深いつながりが生まれるのだろう。あの、冒頭の自殺防止の会で知り合ったお寺から「またコンサートに来て」と手紙が来た。

「嬉しかった。本当に嬉しかったです。あの時に心が通じ合えた人たちに、また会える。私は今、とくに夢はないんです。ただ願うことは、明日《あす》も明後日《あさって》も、お寺で歌が歌えますように。それだけです」

そう笑顔で話す梁瀬住職。命を輝かせている顔だと思った。

〔文／本誌・上野ちひろ〕

10

富士山麓に命を生き返らせる自然道場を開山した道心と反響

山梨県南都留郡忍野村

真宗木辺派 慧光寺
山下證善 住職

山下 證善（やましたしょうぜん）
1958(昭和33)年、東京都生まれ。法政大学経済学部卒業。アパレル会社勤務、学習塾やキャンプ場の経営を経て、縁あって真宗木辺派の僧侶資格を取得する。2002年に教師資格を取得。同年、山梨県南都留郡忍野村の廃業したテニスクラブの建物に真宗木辺派慧光寺を開創し開基住職となる。宿坊や自然体験イベントを通して老若男女の集う場を創出している。現在、真宗教団連合東京支部委員・企画広報部員、富士吉田仏教会会長などを務める。

扉の写真／慧光寺の山下證善住職と農作業をする人々

早朝、お寺の森に鳥のさえずりが始まると、〝ツリーハウス〟から、子供たちがはしごを伝って下りてくる。本堂でお勤めの後、「畑に行こうか」という住職の呼び掛けで畑へ。野菜を収穫し、朝ご飯。毎年夏休み、山梨県南都留郡忍野《おしの》村の真宗木辺《きべ》派慧光寺が行う、子供向け合宿の一日が始まる。

といっても、スケジュールは真っ白だ。

唯一の決まりは三度の食事はみんなで作ってみんなで食べること。後はお天気しだい風向きしだい。やりたいことをしていい。お寺の境内で遊んだり、住職に川や洞窟に連れて行ってもらったり。ドラム缶風呂に浸かり、昼寝をしてもいい。

夕方、森にパチパチと焚き火の炎が上がる。

「いい火をたくさん作ってくれたら、もっとご飯がおいしくなるぞ！」

住職の声に、子供たちは俄然、張り切って薪をく

お寺の畑で住職などから環境に優しい雑草の刈り方を学ぶ

べる。焚き火の周りに鍋を運び、みんなでワイワイ料理。笑みがこぼれる。合宿は十日間。「こころのふるさとづくり」と名付けられている。

生き生きと遊ぶ子供たちを見守っているのは山下證善《しょうぜん》住職（六十二歳）だ。

合宿10日間で子供たちは広いお寺の境内で思い切り遊ぶ

「今の子供たちは塾や部活に忙しく、自然の中に放り出されることが少なくなっています。でも、夏休みに自然の中で思い切り遊んだ経験は、大人になって行き詰まった時に、勇気づけてくれるのではないでしょうか。僕の役割は天気がいいから釣りに行こうかとか、山中湖でカヌーに乗らない？　と誘う、遊び好きな親戚のおじちゃんです」とほほ笑む。

「私にとってここはシェルターです」

慧光寺は、富士急行線富士山駅から車で約十分のペンションや別荘が点在する高原に建つ。二千坪の森の中のウッディな二階建てがお寺の建物だ。二〇〇二年、廃墟のようだったテニスクラブを山下住職自ら汗を流して整え、お寺を開創。子供も大人も自然と触れ合える多くのイベントを催している。「自然の中でリラックスするだけでなく、人と人が出会うことでお互い与え合えたり、元気になれたり、いのちの輝く場にしたい」という山下住職の思いが込められている。

夏祭りでは老若が焚き火を囲んで音楽や踊りを楽しむ

八月上旬、一泊二日で「いのちをめぐる大地の再生講座」が行われた。もともと豊かな同寺の森だが「もっと居心地のいい森にしたい」と造園家の矢野智徳さんに依頼し、環境を整えることにした。矢野さんの手法は自然が持つ力を生かすこと。

「せっかくの機会なので」と山下住職は多くの人が知識を得られるようにセミナー形式で実践してもらうことにした。自宅でも応用できる内容が人気を呼び、この日は約三十人が参加した。

夕方、お寺に集まってきた人たちは、一階ラウンジのソファーで談笑している。着くとすぐ台所に入る人も。「ここでは誰もお客様扱いはしません」と山下住職。台所では坊守の勝子《かつこ》さんがお寺の畑で採れた無農薬野菜で夕食の準備中だ。イベント参加者も手伝っている。

テニスクラブの２階の中央部分が本堂に再生されている

お寺の建物は約百八十坪。一階にはラウンジとセミナー室、カフェがある。夕食の後、セミナー室で講座。講座後は場所をラウンジに移し、お酒を片手に質問が続く。

二階は本堂と宿坊。中央に畳が敷かれ、仏壇が祀られている。ここが本堂だ。本堂を挟んで部屋が並ぶ。翌朝六時、山下住職がお勤めを始めると、セミナー参加者も参列。朝食後はお寺の森や畑で実地に学ぶ時間。「風が剪定するのに学んで」という矢野さんのアドバイスで鎌を使う。

参加者に話を聞いた。「仕事で疲れると来ます」という五十代の女性。同寺の自然体験で最も印象深かったのは富士山でビバーク（野宿）したことだという。

「寝袋から目だけ出して、一晩中満天の星を眺めました。みな十数メートルずつ離れて寝ているので、人の気配はまったく感じない。自然への恐怖とか一体感とか様々なことを感じました」

「阿弥陀様を保証人にした」と話す山下證善住職

うつになりやすいという四十代の女性は「私にとってここはシェルターです。こころの危機だなと思うと駆け込みます。自然の中でしばらくのんびりすると、また社会に戻れます」と話す。

イベントのある日以外も常に誰かがお寺に泊まっている。若者が長期間、滞在していくことも多い。畑仕事などを手伝えば、食事と宿泊は無料で提供する制度（ウーフ）を設けているからだ。このウーフの利用者はすでに五十人以上に上り、リピーターも多い。

お寺の森で目を引くのはツリーハウスだ。木の上に二棟の小屋がある。

「『大工仕事をしたい』といういい年の大人たちが、目を輝かせて作ったものです」

同寺のある一帯は日本有数の野鳥の生息地だ。そこに「鳥の視点で森を感じられるように」と、二〇〇三年、二人が宿泊できる広さの小屋を作った。富士山が真っ正面に見える場所に建てた二棟目は「自分を見つめられるように」と一人用に。ツリーハウスを目的に訪れる人も多い。このようにユニークな自然体験ができるのは、後述するが、山下住職が自然教育のプロでもあるからだ。

木の上に建つユニークな「ツリーハウス」

だが、「自分はどこで何をすべきなのか。僧侶になるまでは、ずっとクエスチョンを持ち続けてきました」と打ち明ける。

不登校の子を預かってほしい

山下住職は一九五八年、東京都小平市のサラリーマン家庭に生まれた。法政大経済学部を卒業後はアパレル会社に就職。時代はバブルだが、自然派の山下青年は朝早く起き、植木の手入れをしてから出勤していた。「いずれ土に触れる仕事がしたい」と考えていたためもあって、会社勤めにもいろいろクエスチョンを感じて、二年半で辞表を出した。

考えたのが学習塾を開くこと。学生時代、家庭教師を経験し、やりがいを感じた。「のびのび勉強できる塾にしよう」と埼玉県入間市に一軒家を借り、「自由教室」の看板を掲げた。子供は一斉に黒板に向かうのではなく、何人かの先生が進度に合わせて教える形式。ところが、そこにもクエスチョンマークが付く。塾にとって夏期講習はかき入れ時だが、夏休みが勉強だけで終わってしまうことに疑問を持ったのだ。そこで三年目から、夏休みは知人が持つ菅平《すがだいら》高原の別荘に教室を移すことにした。朝はみんなで岩清水で洗顔。勉強だけでなく自然の中で遊び、テントで寝る。

やがて、山下青年の活動を知った精神科医から、不登校の子を預かってほしいと依頼された。二十七歳の時、視能訓練士（医療資格）をしていた勝子さんと結婚。二人で不登校の子を預かった。

「塾の子たちは寛容で、すぐ受け入れてくれました。交流するうちに不登校の子にも居場所ができて、何人かとてもうまく、社会復帰ができたんです」

当時、不登校の子が過ごせる場所はまだ少なかった。そこで「学習塾なら自分がやらなくてもいいのではないか。それよりも畑をしながら、不登校の子たちが一時的に暮らせる場を作るべきではないか」とまたもや、クエスチョンが芽生える。六年で学習塾を閉め、茨城県の七会村《ななかいむら》（現東茨城郡城里町）に移住することにした。三十二歳のころだ。

ところが現実は厳しかった。精神科医らの紹介で来た人たちはうつ病を患っていたり、タバコや酒を常用する子など、手強い相手ばかり。多いときには数人を預かったが、素人夫婦の手には負えなかった。思い通りの活動ができず、やむなく同じ場所で学習塾に戻すことに。生徒は順調に集まり、憧れの農業もできた。村人も親切だった。

だが心は晴れない。

思い悩んだ山下青年は、アメリカ・サウスダコタ州にあるスー族の居留地に向かった。幼い頃からアメリカインディアンに惹かれていたという。スー族の家に泊まり、聖地を案内してもらったり、さまざまな儀式にも参加させてもらえた。

「食べ物、服装、音。何もかもが懐かしく、体になじみました」

「仏教を学べば悟れますか？」の答えは…

翌年もスー族を再訪した。帰国前日、長老に「物心が付く前からスー族の考えに共感している。インディアンネームがほしい」とお願いした。日本でアメリカインディアンと交流できる場所を作りたいとも考えていた。ところが長老からは「お前は今生は日本人に生まれたのだから、日本人として生きろ」という答え。

「ショックでした。精神的に最も近いと感じ、拠り所にしていたものが閉ざされ、心にポカンと穴があいてしまいました」

帰国後、免疫不全を患い、皮膚がボロボロのシベリアンハスキーを預かった。獣医に沐浴を勧められたが「ゴム手袋をして洗うように」と指示された。殺ダニ剤を使うからだ。獣医を変えても同じ。疑問を感じた。

「寒い気候に合った犬が暑い中にいるので、免疫力が落ちるのだろう。徹底的に治療しよう」と転地療法を決意。六年暮らした村から冷涼な富士山麓の西湖のほとりに引っ越した。三十八歳の時。たまたま本屋でアロマテラピーが皮膚病にいいと紹介する本に出会った。まだアロマテラピーは珍しかったころ。アロマテラピーの学校に通い、食事療法や足ツボマッサージなど、自然療法も学んだ。

治療のかいはなく、犬は一年ほどで死んでしまったが、その後も富士山麓にとどまり、塾やマッサージ講師の仕事をするため、東京まで通った。だがほどなく、「この生活も違う」とすべての仕事を辞め、「明日から庭を花でいっぱいにするよ」と勝子さんに告げた。

西湖のほとりの借家は建物は小さいが、庭は百五十坪ほどあった。来る日も来る日も庭の手入れだけ。「お弁当を食べるならここ、夕涼みするならこことテーマを決めて、花を咲かせました。家内にはずいぶん食わしてもらいました」

そんなとき知人から、NPOの事務局の仕事を頼まれた。ボランティアだが、セミナーなどを開催する中で多くの出会いがあり、企画の立て方やパソコンなど、後に役立つ勉強もできたという。「三十代は仕事はなかったけれど、勉強の時間は沢山もらいました」と振り返る。

そして最大の出会いとなる勉強が続く。事務局をするうちに知り合った経営コンサルタントから「仏教塾を立ち上げるから、手伝ってくれないか」と依頼されたのである。「五十年コンサルをしてきてこれからのビジネスには仏教マインドが不可欠」と感じたからという。

そこで、「仏教」と「政治経済」とカウンセリングの三つを学ぶ「アミータ仏教学院」が始まった。仏教は真宗木辺派の木辺円慈《きべえんじ》門主（当時）が教え、二年間通えば、特別に同派の僧侶資格も取得できることに。山下住職は運営を手伝う代わりに学費は出世払いにしてもらい、勝子さんと二人で通った。

「僧侶資格には興味はありませんでしたが、仏教の勉強自体は面白そうだなと思って。最初の授業の質疑応答で『仏教を学べば悟れますか』と質問したのですが、ご門主は

『悟れません』ときっぱり。その一言が大きかった。悟れないのに仏教を学ぶとは何なんだろうと興味持っちゃったんです」

同時期、西湖にあるキャンプ場の管理人の仕事も得た。当時、文部省が野外教育の専門家を育成するため「野外教育企画担当者セミナー」を開いたため、野外教育のイロハから安全管理まで深く学ぶことができたという。子供たちに自然教育をしながら、東京の仏教塾に通う日々。二年の課程を終え、資格も取得した。

廃墟のテニスクラブをなぜお寺にできたのか

僧侶資格は得たものの、まだ道は定まっていなかった。そこに決定的な出来事が起きる。住んでいた家が契約切れになり、現在のお寺の隣に予算に合う小さいログハウスを見つけた。ところが、賃貸契約に向かう車の中で、保証人をお願いしていた母親から電話があり「高齢なので辞めたい」と断られてしまう。困った山下師。友人たちの顔も浮かんだが、不況の中お願いするのは気がひけた。ふと浮かんだのが、阿弥陀様。山下師は大家さんに「急に保証人がいなくなってしまいまして。実は私は浄土真宗の僧侶なのですが、保証人は阿弥陀様では如何でしょうか」と思い切って相談した。「そんなこと世間で通用しませんよ。でも、弱ったな」と頭を抱える大家さん。

みんなの力で廃墟のようだったテニスクラブをお寺に改修した

なんとこの大家さんは、「以前、浄土真宗寺院で門徒総代をしていて、毎朝、阿弥陀経を唱えている」という。結局、「そんな自分が断れない」と無事に家を借りることができたのだ。

「そう、結婚式も東京の築地本願寺でやっていた。阿弥陀様はずっと呼び続けてくださっていたのに気づかなかった。もう阿弥陀様に従うしかないと心が決まりました」

二〇〇二年三月に教師資格も取得した。四十三歳のこと。隣のテニスクラブが廃業し、空き家になったため、借りることにした。そこを仏教センターと自然学校にしたいと考えたためだ。

「キャンプ場で子供たちに自然教育をするうちに、基地になる建物があればもっと深く学べるなと思っていたんです。富士山に近い好立地のこともあり、宗派を問わず、世界中のブディストも集まり、交流できたら面白いと思って」

そんな折、本山の宗務長から「せっかくだからお寺にしては」と提案された。が、どう運営すればいいのか見当もつかない。木辺門主に相談すると「お寺とは道場です」。その言葉に背中を押された。

「お寺とはいろんな人が喜びだとか悩みだとかを持ち寄って、成長する場と考えればいいんだ。自然からのアプローチでいいのかもしれない。今までの経験を生かせるかもしれないと、もがき続けてきた道がすっと一本になりました」

二〇〇二年九月、慧光寺が誕生した。寺号は「自分たちの考えを超えたところに仏様の智慧が働いているということをいつも思えるように」と「慧光寺」。山号の祭頭山は「若いうちからお寺に来て仏教に触れてほしい」と願い、活気のあるイメージなどから付けた。とはいえ、元テニスクラブは廃墟同然。掃除の毎日だった。山下住職の友人は、「家中雨漏りゴミだらけでまるでお化け屋敷。まさかこんな場所に？　とみな驚きましたが、證善さんは『レトロでいいでしょ』とニコニコしてた」と笑う。

改修を専門家に依頼する資金はないので、住職自ら手を入れたが、素人ではできない部分も出てくる。そこではじめたのが前述の「ウーフ」。運よく大工さん、ペンキ屋さんなど、必要な技を持った人が来てくれた。仏具の多くは知り合いの僧侶が手作りしてくれた。最初は百円ショップで買ったくずかごに、ご飯を炊くお釜を置き、磬《きん》の代わりにしていた。

毎年恒例となっている「手前味噌作り会」

自然体験イベントを企画するうちに、少しずつ人が集まるようになった。三年後、地元・富士吉田仏教会に入れてもらえたことも大きかったという。

「先輩方から土台のない私たち夫婦に仏教者であるとはどういうことなのかを教えていただき、励みになりました」

いつでも誰もが「ただいま〜」と帰れるお寺にしたい

紆余曲折をたどってきた山下住職。勝子さんはどういう思いで来たのか。自身も教師資格を取得した。こう話す。

慧光寺に通っていた仲間の葬儀をお寺で執り行う

「住職はいつも『仕事辞めたよ』『花咲かすことにしたから』と発表するだけ。私はついていくだけだったので、私自身の人生は何だろうと疑問を持ったことはたくさんある。でも、住職が苦しんでいるのが分かりましたから、自分の道を掴めるまで支えたいと思いました。お寺ができて何年目かに『やっと自分の座に坐れた』と言われたときは嬉しかった」

「それに」と勝子さん。

「私自身、僧侶になったことで、ここが自分に与えられた場所なんだ、阿弥陀様が求めることをしていけばいいんだと心が落ち着きました。私たちにとってもここは道場です」

五十代の女性は「精神的につらかった時期、勝子さんが話を聞いてくれて、いつも優しく支えてくれました」と話す。

お寺に来る女性で勝子さんの存在に助けられたと語る人は多い。夫婦二人でお寺に来た人に寄り添ってきたのが分かる。

慧光寺の主な収入は、イベントの参加費や周囲のお寺が回してくれる法務。楽ではない。お金ができたら材料を買い、少しずつ建物に手を入れる自転車操業が続く。だが、山下住職は「私たちのマネージャーは阿弥陀様ですから」と朗らかに話す。少しずつ、法事の依頼も増えている。そうして、現に二〇一四年、住職夫妻を慕う人々の浄財とウーフの協力のおかげで、手作りで本堂の改修を果たすことができた。

同寺の恒例行事も盛りだくさんで、いずれもユ

慧光寺で行われる本山の木辺円慈前門主の仏教ゼミ

ニーク揃いだ。

たとえば、春と秋年二回行う「手前味噌作り」や、餅つきとお節《せち》づくりをする年末の「あとのまつり」がある。「日本の伝統文化をしっかり伝えていきたい」と山下住職。平和を願う行事も多い。毎年十二月八日のジョン・レノンの命日の頃に行う「イマジンギャザリング」はみんなで楽器を演奏しながらさまざまな言語で「イマジン」を歌い、平和を考える。どれも年代を超えて集い、交流できる行事ばかりだ。

木辺円慈前門主は、新門主への継職を終えた現在も慧光寺で不定期の仏教ゼミを開催し、サポートしてくださっている。法話会ではなく、ゼミナール形式なので毎回、刺激的な質疑応答が飛び交う。「これからはもっと落ち着いた環境を大切にしていきたいと思います。イベントだけでなく、一緒に食べたり畑をしたり。もっと日常の中で交流が深まる場にしていきたい」と山下住職は力強く語る。

その言葉通り、地域とのつながりも広がっている。二〇一六年から、地域の医療と介護を市民主体で学ぶ「富士北麓緩和ケア研究会」を立ち上げ、慧光寺が事務局を務めている。事務局長は勝子さんだ。毎月お寺で開催する会合には二、三十人もの人が集まるという。でも実は、みんなが心待ちにしているのは、会合の後に行う一品持ち寄りの食事会だ。「共に腹を満たして腹を見せ合うことが、一番仲良くなれる方法ですよ」山下住職はそう言ってにっこり笑う。二〇一八年には臨床宗教師の認定を受け、傾聴活動も続ける。二〇二〇年は新型コロナウイルスのため、春のイベントを中止せざるをえなかった。しかし、これを機に始めたのが、オンラインでの法要だ。

「外出できないからやらないのではなく、できる方法で仏法をつないでいきたい。だからオンラインも積極的に取り入れたいと思っています。それにこの緊急事態の中、改めて気づいたことがあるんです。それが、大地に触れる体験の大切さです。森や畑や生き物に直に触れることほど確かなものはない。オンラインも体を使うことも、僕は両方必要だと思います」様々な体験を経てきた山下住職の実感がこもる。

お馴染みさんが顔を見せると「お帰りなさい」と住職夫妻が笑顔で迎え入れてくれる。一緒に食べて語り合い、自然の中で眠る。いつでも帰れる「ふるさと」があること。これほどの安心はないにちがいない。まだ二十年も経たない新寺は着実に人々の拠り所となっている。

『月刊住職』

わが国の伝統仏教全宗派の寺院住職および僧侶の活動に資する実務情報を提供するため1974(昭和49)年7月に創刊された月刊誌。A 5判2色刷り約200頁と毎号法話特集の別冊付録12頁。主に寺院や仏教にかかわるあらゆる出来事を実地に取材し2020年に創刊46周年を迎えた仏教界に定評ある月刊報道誌。

編集部— 2020 年 7 月現在

矢澤 澄道
上野 ちひろ
関根 亮
和田 博文
大瀧 桃子
長谷川 葉月（装丁）
河合 一条

だれだっておどろく！
こんなにもすばらしい10人の住職

2020年9月1日　第1刷発行

編　者　『月刊住職』編集部
発行者　矢澤 澄道
発行所　株式会社 興山舎
〒105-0012 東京都港区芝大門1-3-6
電話 03-5402-6601
振替 00190-7-77136
https://www.kohzansha.com/
印　刷
製　本　中央精版印刷 株式会社

ISBN978-4-908027-87-1　C0095
定価はカバーに表示してあります。
落丁・乱丁本はお手数ですが、小社宛にお送りください。
送料小社負担にてお取り替えいたします。